子どもはいかにして文字を習得するのか

遊びと対話の保育が育む言葉

著

松本博雄
Matsumoto Hiroo

北大路書房

はしがき

　幼児にとっての「文字」といえば，どのような子どもの姿や活動が思い浮かぶでしょうか。初めて鉛筆を持ち，自分の名前や興味をもったひらがなを書こうとする，文字積み木で遊ぶ，絵本を読む，学校ごっこを楽しむ中で文字様のものを書いたりするなど，さまざまな姿がイメージできることでしょう。

　とはいえ幼児期における「文字」の問題にどのように向き合えばよいか，戸惑いを感じる方も少なくないように思います。子育てのただ中にある保護者のみなさんはもちろん，特にふだん，幼稚園・保育所・こども園等で保育実践に携わられるみなさんの中には，幼児期には文字の習得より大切なことがある，と思われる方も多くいるのではないでしょうか。幼児期は，文字の読み書きができるか否かより，友達と体を動かし，のびのびと遊びながら，他者への思いやりや基本的な生活習慣を育む時期であってほしい。でもこれから小学校へ入学することを考えると，子ども自身が困らないよう，文字習得等の学習に対する準備が必要な気もする。ならば，ふだんの保育や子育ての中で，何をどう考え，取り組むのがよいだろう……。

　本書のねらいは，そのような幼児期の「文字」の問題を考える手がかりを，教育心理学・発達心理学と保育実践研究の観点から提供することです。

　文字の読み書きに関わる諸能力・活動とそれを支える試みの検討は，国際的には盛んに取り組まれている研究課題です。それは一般に「リテラシー（literacy）」と呼ばれ，特にその習得が始まる幼児期後半から学童期前半の子どもにおけるものは，初期リテラシー（early literacy）として知られています。このリテラシーとは，個体に獲得される認知能力にとどまらず，言語による理解・産出に関わる諸能力を幅広く捉え，文字習得を支えるコミュニケーション過程の発達などの社会的側面を含めた観点から考えるのが一般的です。したがってリテラシー研究の対象は，単に一人の子どもが文字を正しく読み書きできるか否かを超えたところにあります。「文字」という新たな言葉のジャンルを，子どもは誰とどのような場で身につけていくのか，それが子どものコミュニケーション全体をどんなふうに豊かにしていくのか，そのためにどのような支えが効果

的かということに，研究の焦点があてられているのです。

　子どもたちが日々の生活を通じて「リテラシー」を習得していく過程を考えるうえでは，それが主として展開する，幼児期の保育実践の内容とその質，すなわち「保育の質」に関わる課題や，就学前から小学校教育への移行期の保育・教育実践に関わる課題との関係を同時に検討していくことが不可欠です。しかしながら我が国においては，文字習得を対象とする学術研究と，それが展開する場である保育実践との間を結ぶ議論は，これまで十分には深められてきませんでした。あわせて，この時期の子どもを支える大人である保護者と保育者，小学校教諭の間にも，文字習得のイメージやそれに対する理念や向き合い方には大きな隔たりがあると考えられます。例えば就学にあたり文字をどの程度習得させたらよいかが気になる保護者，遊びを中心とする保育の中で文字指導を重視していない保育者や保育研究者，幼児期までの子どもの多様な経験によらず，基礎的な読み書き指導に一律に取り組む小学校教諭との間には，現状では「リテラシー」の習得についての対話の機会が開かれているとは言いがたいでしょう。もちろん，個々の保護者・保育者・小学校教諭においては，それぞれの文字習得観に基づいてさまざまな取り組み，工夫があります。しかしいずれにせよ，この時期の子どもの文字習得に関わる課題は，国際的な注目度に比して，日本では関係者間での積極的な議論が避けられてきたテーマだといえるのではないでしょうか。

　この背景をふまえ，本書は主として以下の2点の課題に取り組みます。

　はじめに，幼児期の文字習得の目標や内容を再検討します。文字習得期の指導とは，私たちの多くが思い浮かべやすい，「かな文字の正しい読み書き習得」に焦点化したものだけなのでしょうか。対話能力の獲得をはじめとする言語発達の諸側面との結びつきから見えてくる「文字習得」の新たなねらいと，それを具体化する指導内容が幼児を対象とする保育実践において成り立つことを，4つの研究を通じた実証的な資料をもとに明らかにします。それは，子どもの遊びや生活全体を包含し豊かに発達する，書き言葉の習得を支えることを目指す取り組みであり，個々の子どもが教材を用いて文字の読み書き練習をするという，従来の典型的なアプローチとは異なるものです。

はしがき

　続いて，「遊びを通しての総合的な指導」に価値を置く日本の保育実践の中で，そのような新たな文字習得への試みを，どの保育実践現場でも実現できるものとして幅広く保障するには，実際には何をどのようにしたらよいか，それによって何がめばえるかを，主に2つの研究に基づき具体的に提起します。その際の鍵になるのは，1点目の検討から導かれた「社会的関係の中で立ち上がる言葉」という側面から幼児期の文字習得を再定位し，「遊び」と「対話」の相互的な発展の中で，子どもの「声」を聴き取る人として保育者を位置づけること，そしてそれを可能にする手立てを示すことです。

　本書は2022年3月に中央大学大学院文学研究科に提出された博士学位論文●の内容を，書籍のねらいに合わせて再構成し，加筆・修正を加えたものです（詳細は初出一覧を参照）。幼児期の文字習得に対して好意的であれ批判的であれ，幼児の文字習得を「正しく文字を読み書きする」能力の獲得としてイメージする人は少なくないでしょう。そのイメージから一歩踏み込み，これまでとは異なる新たな「文字習得」の機会を，保育実践を通じて幼児期の子どもに保障することは可能か。それは何をどのようにすることで実現するか。そこから育まれる初期リテラシーの発達過程を介して，子どもたちの生活と，私たちの社会における，何がどのように変わっていくか。保育者と共に進めてきた複数の実証研究を土台とした本書は，初期リテラシー発達を幅広く保障するための実践および研究のあり方を，「保育の質」に関わる議論もふまえつつ，幼－小移行期の保育・教育，更には子どもの意見表明権の保障の問題との関連を視野に入れて提起することを目指しています。

2024年9月

松本博雄

◆ 松本博雄（2022）．保育実践を介した幼児期の文字習得の検討――社会的側面に着目した初期リテラシー発達の視点から――　中央大学大学院文学研究科博士論文　http://id.nii.ac.jp/1648/00013996

初出一覧

　本書（博士論文）のもとになった研究資料やアイデアは，以下の学術雑誌等に掲載されている（学術論文未公刊の第 3 章・第 4 章は学会発表を記す）。

　なお，本書の各章にて紹介する研究では，書籍としてのまとまりと読みやすさを優先し，結果と分析，研究倫理手続き等の記載を，最低限必要なものに絞り込んだ。詳細が必要な場合は，以下の論文等を参照されたい。

《序　章》

松本博雄（2007）．「実践研究」論の展開に向けて ―― 四半世紀の経過から ――　心理科学，*28*(1)，44–53.

松本博雄（2012）．実践に「役立つ」心理学の専門性とは？――「答え」を超え「良質の問い」の創造へ――　心理科学，*33*(2)，1–6.

《第 1 章》

松本博雄・伊藤　崇・常田美穂・三原菜月（2014）．幼児期における文字表現と文字使用――絵本作り活動における文字の機能から――　心理科学，*35*(2)，53–63.

《第 2 章》

Matsumoto, H., & Tsuneda, M. (2019). Teachers' beliefs about literacy practices for young children in early childhood education and care settings. *International Journal of Early Years Education*, *27*(4), 441–456. doi: 10.1080/09669760.2018.1547630

《第 3 章》

Matsumoto, H., & Tsuneda, M. (2019). What is the structure of 'play-based' pedagogies in the literacy practices for four-to-six-year-old children? *United Kingdom Literacy Association 55th International Conference*, 20.

Matsumoto, H. (2019). Play as learning tools or play as play?: Supporting young children's learning dispositions through ECEC practices. *TACTYC (Association for Professional Development in Early Years) One Day Conference and AGM 2019, Discussion Forum*. (International Convention Centre Birmingham, UK. 15th June 2019.)

《第 4 章》

松本博雄（2020）．「書きたくなる」は何によって支えられるか　日本教育心理学会第 62 回総会発表論文集，199.

松本博雄・谷口美奈・片岡元子・吉川暢子・藤元恭子・松井剛太（2021）．幼児の声を聴きとる──「書きたくなる」を支えるために──　日本保育学会第74回大会発表論文集，P-325-326.

Matsumoto, H., & Tsuneda, M. (2021). Being willing to engage in writing activities: empowering young children through early literacy practices. *United Kingdom Literacy Association 56th International Conference*, 46.

《第 5 章》

松本博雄（2012）．保育を通じて子ども達は何を「学ぶ」か　現代と保育（ひとなる書房），*83*, 122-138.

松本博雄・松井剛太（2013）．保育における子どもの「学び」を記述するために──「第一の学び」と「第二の学び」に着目して──　香川大学教育学部研究報告第1部，*139*, 71-78.

松本博雄（2014）．二つの時間軸から保育を見直す──自分と異なる相手とリスペクトし合える関係を育む保育──　現代と保育（ひとなる書房），*90*, 113-133.

《第 6 章》

松本博雄・西宇宏美・谷口美奈・片岡元子・松井剛太（2018）．遊びの質を高める保育アセスメントモデルの検討──「子ども向けクラスだより」の取り組みから──　保育学研究，*56*(1), 91-102.　doi:10.20617/reccej.56.1_91

《第 7 章》

Matsumoto, H., Nishiu, H., Taniguchi, M., Kataoka, M., & Matsui, G. (2023). Pedagogical photo documentation for play in early childhood education and care. *Early Years*, *43*(4-5), 794-810. doi:10.1080/09575146.2021.2017407

《終　章》

松本博雄（2019）．子どもの尊厳と権利　心理科学研究会（編）　新・育ちあう乳幼児心理学──保育実践とともに未来へ──（pp. 2-15）　有斐閣

松本博雄（2020）．子どもの「声を聴きとられる」権利を支えるために　ちいさいなかま（全国保育団体連絡会），*698*, 88-95.

松本博雄（2021）．0歳児の"声"を聴きとる──「発達」の視点を手がかりに──　発達（ミネルヴァ書房），*166*, 21-26.

目　次

はしがき　*i*

初出一覧　*v*

序　章　　なぜ，今，幼児期の「文字」と「保育」を扱うのか　　*1*

第１節　幼児期から開始されている文字習得　*1*

　　1．文字習得からリテラシーへ　*1*

　　2．幼児期の文字習得を問うにあたって──問題の設定　*2*

第２節　幼児期の文字習得はいかに支えられ，価値づけられているか　*3*

　　1．幼児期の文字習得を支える──国際動向　*4*

　　2．幼児期の文字習得を支える──国内の動向　*8*

第３節　幼児期の文字習得を支える保育実践における研究上の論点と方法論　*15*

　　1．文字習得を発達から捉える　*16*

　　2．文字習得を社会的関係から捉える　*19*

　　3．文字習得を研究する──方法論的特徴　*21*

第４節　保育実践を介した幼児期の文字習得の検討に向けて　*25*

　　1．本書は何を論じるか　*25*

　　2．本書の構成と特色　*26*

第１章　　幼児期の文字習得をどのように捉えるか　　*31*

第１節　幼児期における文字習得の実態把握に向けて　*31*

　　1．幼児にとって「文字」とは　*31*

　　2．文字使用への着目　*33*

第２節　幼児はどのように文字を用いるか──絵本づくり活動を通じて　*34*

　　1．絵本づくりにおける「文字」──調査課題の設定　*34*

　　2．どんな絵本をつくり，どのように語ったか──調査結果　*35*

　　3．文字を「書けること」「使えること」は同じではない　*39*

第３節　幼児の文字使用を支えるものは　*41*

　　1．文字使用・文字表現の背景──保護者への質問紙から　*41*

　　2．文字使用の背景に見えてきたものは──調査結果　*42*

　　3．文字使用までの多様な道すじ　*45*

第４節　伝え合う道具としての文字習得の分析へ　*46*

第２章　　保育における「文字指導」の現状と課題　　*49*

第１節　保育における文字指導の実態把握に向けて　*49*

　　1．指導観への着目──カリキュラムの分析を超えて　*49*

　　2．文字指導観を捉えるために──検討すべき仮説　*51*

vii

第2節　保育における文字指導観　*53*
　　1．文字指導観を捉える──調査の方法　*53*
　　2．保育における文字指導観──「文字」をどのように意識しているか　*53*
　　3．保育者・小学校教諭の一般的指導観　*56*
第3節　保育における文字指導観を支えるものは　*57*
　　1．保育者の文字指導観の背景──経験・役割との関連　*57*
　　2．一般的指導観の背景──保育者と小学校教諭の比較　*59*
　　3．指導観の共有──施設内類似性の検討　*60*
　　4．指導観の分析から見えること　*61*
第4節　保育における多様な「文字指導」を生む背景　*62*

第3章　もう一つの「文字指導」の探求
──初期リテラシー発達を促すイングランドの実践　*65*

第1節　もう一つの「文字指導」へ　*65*
　　1．「文字指導」から初期リテラシーへ──イングランドへの着目　*65*
　　2．イングランドの保育・教育制度　*67*
第2節　イングランドの保育・教育実践から　*71*
　　1．イングランドの保育・教育実践を捉える　*71*
　　2．イングランドの保育・教育実践で取り組まれていたこと　*74*
第3節　イングランドの保育・教育実践を支えるものは　*84*
　　1．初期リテラシー発達を促す保育・教育実践の背景を探る──実践者へのインタビューから　*84*
　　2．イングランドの保育・教育実践の背景に見えてきたものは　*86*
第4節　対話を通じて保障される初期リテラシー発達　*90*
　　1．初期リテラシー発達を促す保育実践とその背景　*91*
　　2．初期リテラシー発達を促す保育実践の発展に向けて　*93*

第4章　リテラシーを育む保育の試み
──伝え合いたい関係を土台とする書き言葉へ　*97*

第1節　初期リテラシー発達を促す保育実践の検討　*97*
　　1．保育実践を通じて書き言葉を支える　*98*
　　2．やりとりと書き言葉を支える保育実践──ぶんつうプロジェクト概要　*100*
第2節　初期リテラシー発達を促す保育実践から見えてきたこと　*101*
　　1．どのような手紙が，どれだけ交わされたか　*101*
　　2．子どもたちが見せた姿から──事例の検討　*107*
第3節　伝え合いたい関係からめばえる書き言葉　*116*
　　1．幼児の文字使用は促進されたか　*116*
　　2．文字表現のレパートリーの発達　*118*
　　3．幼児期の初期リテラシー発達を促す保育実践の成立要件　*121*

viii

目　次

第5章　リテラシーと「遊び」の関係
──日本の保育実践の文脈をふまえて　125

第1節　残された問題は何か ── 「遊び」の検討　125
第2節　初期リテラシーと「遊び」　127
　　1.　「遊びを通しての学び」とは　127
　　2.　2つの「学び」という視点　128
　　3.　初期リテラシー発達を促す「遊び」の役割　130
第3節　「遊び」の発展から初期リテラシー発達を促す　131
　　1.　「遊び」の発展を支える条件　131
　　2.　「遊び」の発展を支える方法　133

第6章　伝え合いたくなる機会をつくり，育む
──遊びの発展を支える方法の探究　137

第1節　遊びの発展を支えるにあたって　137
第2節　写真を用いた記録と評価方法の試行 ── しんぶんプロジェクト概要　139
第3節　遊びの発展を支えることから何が見えてきたか　141
　　1.　「しんぶん」導入直後の変化　142
　　2.　「しんぶん」から遊びのつながりへ　143
　　3.　「しんぶん」から対話の発展へ　146
第4節　遊びの発展を支える方法の探究　150
　　1.　遊びの発展を支える「しんぶん」の機能　150
　　2.　保育者にとっての「しんぶん」の実行可能性　153
　　3.　「しんぶん」のもつ意味と残された課題　155

第7章　伝え合いたくなる機会を広げる
──遊びの発展・共有から豊かになるリテラシー　157

第1節　遊びの発展・共有から初期リテラシー発達へ ── 保護者とつなげ，やりとりを広げる　157
第2節　遊びの記録を保護者と共有する ── しんぶんプロジェクト・プラス　159
第3節　遊びの共有から何がめばえたか　161
　　1.　「しんぶん」を介したコミュニケーション　161
　　2.　「しんぶん」による保護者の変化　162
第4節　遊びの発展・共有から初期リテラシー発達へ　166
　　1.　「しんぶん」は保護者に何をもたらしたか　166
　　2.　「しんぶん」は初期リテラシー発達に何をもたらしたか　168
　　3.　初期リテラシー発達を促す保育実践を目指して　169

ix

終　章　保育における社会的関係から立ち上がる言葉
——全ての子どもの「声」と権利の実現へ　173

第1節　幼児期の文字習得とは何か，保育者には何ができるか　173
1. 保育実践を介した幼児期の文字習得の検討結果　173
2. 本書を通じてわかったこと　178

第2節　何のため，誰のための文字習得か　180
1. 幼児期から学童期を経て，生涯発達へ——「声」を発する主体として　180
2. 幼児期の文字習得を支える保育者の役割の変化　185
3. 本書の知見のもつ意義と結論　187

第3節　これからの取り組みに向けて　188
1. 残された課題　188
2. 子どもの「声」と権利の実現へ　192

文　献　195
あとがき　203
索　引　207

序　章

なぜ，今，
幼児期の「文字」と「保育」を扱うのか

第1節　幼児期から開始されている文字習得

1. 文字習得からリテラシーへ

　私たち大人の多くは，生活の中で当たり前のように文字を使いこなし，それを介して考える，伝え合うといったさまざまな活動に従事している。このような力を，私たちはいつ，どのように習得し，発達させてきたのだろうか。

　日本語を母語とする子どもにとって，初めて出会う文字はひらがな・カタカナ，すなわちかな文字である。多くの場合，これらの文字の習得は，小学校での教科学習を経て達成されるというより，実際には幼児期に開始され，進行する。このことは幼児を対象として実施された大規模調査（例えば，内田・菊地・翟，2009）において，ひらがな文字の読み書きにおける5歳児の平均得点が極めて高く，男女ともに満点に近いことからも裏づけられよう。

　では，幼児期の課題である文字習得過程に関して，これまでにどのような研究が取り組まれてきただろうか。その大部分は，「幼児は文字をどのように獲得するのか」という問いに基づき，研究の目的となる従属変数としてかな文字の読み書きの習得を設定し，それがいかに成り立つかの説明を試みるものであった。代表的なものは，音韻意識（phonological awareness）に着目し，かな文字の読み書きの習得過程を明らかにした天野（1986）による研究であろう。それ以外でも，子どもの名前の読みの習得を手がかりにした無藤・遠藤・坂田・武重（1992）や，幼児が日常的に楽しむ典型的なことば遊びの一つである「しりとり」を取り上げ，読みの習得過程を分析した高橋（1997）などを挙げること

ができる。また横山（2004）は，絵本の読み聞かせと手紙を書く活動に着目して，どのような日常の活動を介して文字習得が幼児期に成り立っていくか，その構造と特徴を明らかにしている。

このような幼児期の文字習得の問題は，国際的には初期リテラシー（early literacy）もしくは萌芽的リテラシー（emergent literacy）というキーワードで扱われている（Teale & Sulzby, 1986）。リテラシーとは，狭義には文字や音声認識，文法理解や文産出等を含む，文字の読み書きに関わる諸能力・活動を指し，従来は「識字能力」「読み書き能力」と訳されてきた。しかし，幼児の日常生活が体系的な文字教授の開始に先立って展開している事実を考えると，この時期の文字習得を，狭義の文字指導の結果として成り立つ識字能力の獲得に限って捉える見方は一面的であり，十分とはいえないだろう。

Barton（2007）は，文字に関わる活動は学校や職場等，限られた場面で生じるのではないと指摘する。実際にそれは，情報をまとめる，発信するといった文字の活用や，文字によって記録された媒体から情報を得るなどの，日常生活における多様な文化的実践を通じて現れる。上述した萌芽的リテラシーとは，一般に，Barton（2007）の言及する社会文化的な視点を含めた，読み書き能力の獲得に先立つ日常の活動と連続的に文字習得を捉える試みを指す（Whitehurst & Lonigan, 1998）。すなわち文字習得に関わって問われるべきは，単なる読み書き能力の獲得を超える，文字に関わる活動を含めた，幼児期における文化的実践のあり方になろう。

2. 幼児期の文字習得を問うにあたって —— 問題の設定

国際的な文脈においてもまた，初期リテラシーは，小学校等で公式に文字教育が開始される前段階の，幼児期の課題として理解されてきた。具体的には，家庭での生活や保育実践をはじめとする幼児の日常生活を介し，初期リテラシー発達がいかに成り立つかに関わる研究が，さまざまな角度から進められている（Sylva et al., 2011）。なかでも保育実践からの影響は，幼児期の文字習得を捉えるうえで切り離して考えることはできない。では，この幼児期に始まる初期リテラシー発達の過程は，どのような保育実践を通じてより効果的に支えられ，促

序章　なぜ，今，幼児期の「文字」と「保育」を扱うのか

されるのだろうか。

　その際に改めておさえたいのは，保育・教育実践における課題は，通常，複数の見方が交錯する中でこそ見えてくることである。初期リテラシー発達を支える保育の課題は，文字習得を効果的に促す実践の検討だけではない。文字習得へと結びつく保育実践のあり方と，それを支える研究成果が何をもたらし，どのような価値をもつかを検討するうえでは，研究と保育・教育実践の，もう一段外側にある文脈との関連を考慮することが必要となる。すなわち，そもそも誰のため，何のために幼児期の文字習得の過程を検討するのかを，まずは探っていくことが求められる。

　それはつまり，文字習得として何を想定するか，また文字を習得すること自体が，習得の主体である子どもたちにいかなる価値や意味をもたらすかを考察する必要性として言いかえることができる。そのためには，幼児期の文字習得を，多様な要因と，それを促す実践的な手立ての従属変数として位置づけてきた従来の先行研究の成果をふまえつつ，これらを超えた形で問題を扱うことが不可欠となるだろう。そこでは，幼児期の文字習得としてそもそも何を想定するか，習得された文字が子どもに何をもたらし，その子どもの生活をいかに変化させるか，更にそれが学童期や，その後の生涯発達の過程にどのように結びつき発展しうるかという問題をあわせて考えていかねばならない。

第2節　幼児期の文字習得はいかに支えられ，価値づけられているか

　文字習得が国内外を問わず幼児期の課題としてみなされ，研究が重ねられていることは，国際的な研究や実践の動向における「初期リテラシー」の位置づけにも現れている。この節ではそれらの諸研究に基づき，幼児期の文字習得は保育実践の中でどのように扱われてきたかの概要と，その背景にある家庭や小学校での扱われ方をあわせて整理する。その際，それぞれの実践において文字習得として何を想定しているかに着目する。それは文字習得が子どもにもたらす価値や意味という，第1節にて述べた視点を検討する前提となる。

3

1. 幼児期の文字習得を支える——国際動向

1) リテラシーのもつ2つの側面

　幼児期の文字習得の課題は，国際的には「初期リテラシー」の課題として扱われていることを既に述べた。例えば日本を含む24か国の保育の質を比較した調査であるOECD（2015）において，リテラシーは言語発達や語認識をはじめとする，読み書きに関わるあらゆる主題を含む概念として定義され，子どもの発達とその成果のみならず，保育カリキュラムの枠組みの中で欠かせない指標として位置づけられている。

　では，このように幅広く理解されてきた初期リテラシーの概念を，実際の保育実践との関連において描き出すにあたり，基本的な要素として何を想定したらよいだろうか。保育者へのインタビューをもとに初期リテラシー概念の把握を試みたScull, Nolan, & Raban（2012）ほかの先行研究に基づくと，そこにはおおむね2つの側面を見いだすことができる。

　その1つは，認知的な活動に関わる側面である。それには，いわゆる「前読み書き能力」として，文字知識や音韻意識のような文字記号に関連する指標と，物語理解や再話能力のような意味に関連する指標から測定されるものが挙げられる（Westerveld, Gillon, van Bysterveldt, & Boyd, 2015; Sénéchal, LeFevre, Smith-Chant, & Colton, 2001）。もう1つは，身につけたリテラシーをどんな場で，どのような形で用いるのか，子どもが構築していく能動的な方略に関わる社会的な側面である。それは生活に関わる社会文化的な文脈を通じ，よりいっそう洗練され，慣習化されていく（David et al., 2000）。初期リテラシーの構成要素として何を想定し，いずれに重きを置くかは研究によって違いがあるものの，この認知的・社会的という2つの側面は，保育実践における初期リテラシーを考える際に共通して想定されているといえる。

　次にこれらの基本的要素が，保育実践を具体的に展開するうえでどのような地位を占め，扱われているかを考えるために，特にカリキュラム内での初期リテラシーの位置づけを中心に概要を整理してみよう。

2) 保育実践における初期リテラシー発達——ヨーロッパ諸国の場合

多様な母語をもつ子どもたちを対象にした初期リテラシー教育の実践が展開されている代表例として，ヨーロッパ諸国が挙げられる。Tafa（2008）は，イギリス，ベルギー，フランス，フィンランド，ギリシャ，アイルランド，ルクセンブルグ，ポルトガル，スペイン，スウェーデンというヨーロッパ10か国を取り上げ，リテラシーに関わる幼稚園カリキュラムの内容を分析している。その結果示されたアプローチの共通点は，①萌芽的リテラシーの強調，②いわゆるドリル学習として文字を導入するのではなく，コミュニケーション型の実践の重視，③読み書き，特に書き言葉の習得を基本とした足場の形成，の3点であった。加えて指摘されたのは，このような方向性と内容を具体化する保育実践の質を保障するために，研修を通じて保育者の質をどう高めていくかという課題である。

保育の質に関する国際比較調査の草分けであるOECD（2006）は，各国の保育内容を，小学校への「就学準備型」の特徴をもつグループと，「生活基盤型」という保育の独自性を強調しているグループに分類している。上述のTafa（2008）で分析対象となった10か国には，その双方が含まれる。この結果から明らかなのは，OECD（2006）では対照的な保育内容の方向性として整理された「就学準備型」「生活基盤型」のいずれにおいても，初期リテラシーへのアプローチの基本としてコミュニケーション重視型の理念が反映され，位置づいている点であろう。

ここからはヨーロッパ諸国において，初期リテラシーに関する保育実践の内容を検討する際に「幼児期において文字習得を扱うべきか否か」が問題とされているのではないことが読み取れる。初期リテラシーの発達をどのように支えるかは，幼児期における共通の課題である。ヨーロッパ諸国におけるそれは，例えば小学校を意識した「就学準備型」では狭義の識字能力の獲得とそのための教授法が強調され，幼児期の独自性を強調する「生活基盤型」では識字能力の獲得より社会性と情動の発達が重視される，といったように単純に区別されるものではない。いずれの方向性にあってもコミュニケーション重視型の実践が想定され，検討されているのが特徴である。

続いて Tafa（2008）における調査対象であり，OECD（2006）において「就学準備型」の代表とされているイギリスを例に，幼児期における初期リテラシーの位置づけを更に具体的に検討したい。イギリスは4つの国からなる連邦であり，全国共通のカリキュラムは存在しない。しかし連邦の中心であるイングランドでは，2002年に初めて就学前教育カリキュラムが法制化されている。よって，ここでは主にイングランドのものを見ていく。

　イングランドでは2008年にEYFS（Early Years Foundation Stage）という名前で，0歳から5歳までの就学前教育カリキュラムがまとめられている。「リテラシー」はそこで，学びの領域（areas of learning）の中の「コミュニケーション・言語・リテラシー」に位置づけられた（石黒・加藤，2012）。この領域は2012年以降，「コミュニケーションと言語」と「リテラシー」とに分けられた（石黒，2017）。これらの変遷を経て成立した2017年版のEYFSカリキュラムにおいて，「リテラシー」は「読み」と「書き」を中心に含むものとして説明され，その方向性は現在まで引き継がれている。とはいえ，それはあくまでカリキュラムを構成する主要3領域の「コミュニケーションと言語」「身体発達」「人格・社会性・情動の発達」を通じて高められるものとみなされており，リテラシーはその下位分類である「特定領域」の一つという位置づけに置かれている。

　このように，小学校教育への準備的な内容を念頭に置いた就学準備型カリキュラムをもつ国の代表とされるイギリスであっても，保育における初期リテラシーは，文字の読み書き能力の獲得にとどまるものとは理解されていない。EYFSカリキュラムの主旨からは，コミュニケーションと表現力全体をいかに身につけるかという観点から初期リテラシーが捉えられようとしていることが読み取れる。

3）　保育実践における初期リテラシー発達 ── 漢字文化圏の場合

　これに対し，非ヨーロッパ圏，特に日本と共通の漢字文化圏である国・地域ではどうだろうか。Li & Rao（2000）は，中国（北京），香港，シンガポールにおける初期リテラシーカリキュラムの概要と実践の現状を，Liang, Li, & Wu（1997）等を参照しながら整理している。標準中国語が話され，省略した漢字である簡体字が用いられる中国では，1956年以降，公式には就学前教育で読み

序章　なぜ，今，幼児期の「文字」と「保育」を扱うのか

書きを教えることが禁じられている。とはいえ実際には保護者の要求等に支えられ，多くの就学前施設で読み書きが扱われているという。これに対し香港では，中国語と英語が公用語であるいっぽう，話し言葉の中心は広東語であり，読み書きには複雑な形の繁体字が用いられる。そこでは，3歳で幼稚園に就園した時点で，漢字の読み書きに加え，英語のアルファベット，フレーズと歌を習い始めるのが一般的であるという。いっぽう，英語，中国語，タミル語，マレー語を公用語にもつシンガポールでは，教育現場では英語を主に，それぞれの母語を第二言語として教わることが公式に定められている。しかし実際には，社会・経済的関心の高まりや教育熱を背景に，政府による就学前教育カリキュラムには何ら定められていない中国語の読み書きが，数多くの就学前施設で扱われている実態があるようである。

　これらの国々における初期リテラシーに関わる具体的な取り組みについて，Li, Rao, & Tse（2012）は，中国（深圳），香港，シンガポールの就学前施設における4〜5歳児クラスを対象に，イタリアのレッジョ・エミリア市のプロジェクトアプローチ，萌芽的リテラシー等の西洋的な保育実践が，どのように中国語のリテラシー教授法に影響を与えているかを分析している。そこから示された結果は，リテラシー教授法と関わって，子どもの関心に基づく探索活動や話し合い等が導入されつつあること，いっぽうでいずれの地域においても，クラス全体への直接教示に代表される「伝統的な中国型の」実践に基づく読み書きの取り組みもまた，実際には幅広く導入されているというものであった。

　では，この調査対象に含まれていない台湾ではどうだろうか。台湾は，繁体字を用いる台湾国語，中国語，台湾語という3種類の言語に加え，アメリカ英語への関心も高いことで知られている。台湾の就学前教育では，多数派である私立園を中心に，英語に特化した教育実践や，英語と中国語のバイリンガルを目指した教育プログラムが盛んに行われている（翁, 2008）。しかし2012年に制定・交付された保育カリキュラム上は，そのような特定の言語教育に特化した才能開発教育等ではなく，①体と健康，②認知，③言語と文学，④社会，⑤情緒，⑥美観という6つの領域間のバランスを考慮し，実践を展開することが奨励されているという（教育部, 2013）。具体的には，特定の言語教育に特化し

た実践が目につくいっぽうで，レッジョ・エミリア市の保育実践等の影響を受け，「方案教学」や「主題教学」と呼ばれるプロジェクトアプローチを通じて，子どもの生活をふまえたリテラシーや言葉の問題を扱う実践に積極的に取り組んでいる園もいくつか見られる（例えば，何，2015）。

4) 国際動向から読み取れること——各国・地域の実践における共通点

　これらから示唆されるのは，初期リテラシーの発達を促す保育実践とは一面的に理解できるものではなく，言語自体のもつ特徴に加え，その地域の文化的な背景と歴史等をふまえた，さまざまな条件間の複雑なバランスにより規定され，生起している事実である。例えば，教室で指導される公用語と母語が一致している子どもの割合，公用語の種類，読み書きを求められる語の学習にあたっての認知的負荷，そのクラスに所属している子どもの文化的多様性と，それを包摂する学校風土とカリキュラムの方向性，保育者や保護者の保育・教育観などが，その条件として挙げられる。特に中国や台湾では，都市部と農村部の格差の中で，園外では学習機会を得にくい子どもや，標準語と全く異なる母語をもつ子どもも少なくない（一見，2008）。そのような中で，例えば小学校への就学後に，学習における認知的負荷の高い漢字を日本と比べてかなり多く学ぶ必要があるという現実もまた，幼児期における初期リテラシーへの具体的な取り組み方に影響するであろう。

　とはいえいずれの方向性でも，初期リテラシーの取り組みは，ただ単に文字知識や読み書きを子どもにいかに教えるかの検討にとどまらないことは確かである。初期リテラシーを促す活動は，いずれの場合でも保育実践を考える際に中心的な内容として捉えられている。同時にそれは，コミュニケーションや表現，それを支える探索活動や話し合いを含めて，「文字習得」を超えて幅広く理解され，論じられている。このことは，文化的背景や歴史に起因する諸条件の多様性を超えた，各国の実践における共通点として挙げられるだろう。

2. 幼児期の文字習得を支える——国内の動向

　前項では，実践の方向性はそれが埋め込まれた文化的背景によって多様であ

るいっぽうで，初期リテラシーを促す保育実践に関する議論自体は不可避のものとして積極的に展開されているという国際動向を確認した。それに対し，日本国内での議論はどのように展開され，実践へと結びついているだろうか。

本項では，幼児期そしてその後の移行期に「文字習得」として期待されている内容とそれを支える方法について，国内の様相を整理する。具体的には保育実践と，その背景にあって実践のありようを理解するうえで深く関わる保護者，そして小学校就学後の指導の3点から，文字習得に対するそれぞれのイメージとアプローチの特徴を見ていく。

1）保育実践における文字習得

カリキュラム

はじめに，日本の保育実践における文字習得の位置づけを，カリキュラム上の記述から概観したい。

各実践現場が保育計画と内容を考えるうえでの基本的な方向性を示す幼稚園教育要領，保育所保育指針，認定こども園保育・教育要領には，保育内容を示す5領域として「健康」「人間関係」「環境」「言葉」「表現」が設定されている。この領域区分は，上述の3つの要領・指針において共通する。ここでは「幼稚園教育要領」を代表として，日本の保育カリキュラムにおける文字習得の扱いを見ていく。

5領域のうち，文字習得に関わる内容が最も多く含まれているのは領域「言葉」である。それは，第2章「ねらい及び内容」の中に，「経験したことや考えたことなどを自分なりの言葉で表現し，相手の話す言葉を聞こうとする意欲や態度を育て，言葉に対する感覚や言葉で表現する力を養う」ものとして定義されている。「ねらい」には文字に関する直接の言及はないものの，その「内容」においては，「日常生活の中で，文字などで伝える楽しさを味わう」「幼児が日常生活の中で，文字などを使いながら思ったことや考えたことを伝える喜びや楽しさを味わい，文字に対する興味や関心をもつようにすること」といった記述がある。

文字に関しては，領域「環境」の中にも「身近な事象を見たり，考えたり，

扱ったりする中で，物の性質や数量，文字などに対する感覚を豊かにする」というねらいが位置づけられ，その内容として「日常生活の中で簡単な標識や文字などに関心をもつ」「数量や文字などに関しては，日常生活の中で幼児自身の必要感に基づく体験を大切にし，数量や文字などに関する興味や関心，感覚が養われるようにすること」と述べられている。いっぽう領域「表現」においては，「様々な出来事の中で，感動したことを伝え合う楽しさを味わう」「自分のイメージを動きや言葉などで表現したり……」という記述があるが，全体としては言葉による表現への言及そのものが少なく，ここには文字に関する記述は見られない。

これらをまとめると，日本の保育カリキュラムにおいては，「言葉」に関して話し言葉を中心にした指導が主として扱われ，意識されているいっぽうで，文字に関する記述は決して多くないといえる。どの領域においても，文字についての「関心・感覚」を豊かにする，という内容が中心であり，読み書きそのものはもちろん，表現と文字の結びつきに関しても必ずしも強調されていないことがわかる。

現場での実態

では，文字習得に関わる内容についてのカリキュラム上のこのような位置づけに対し，保育現場での意識と実態はどうなっているだろうか。日本国内全域の幼稚園・保育所・こども園を対象に質問紙調査を実施し，4,565園の回答を得たベネッセ教育総合研究所（2019）は，園の教育・保育目標として「のびのびと遊ぶこと」「健康な身体をつくること」「基本的な生活習慣を身につけること」「人への思いやりをもつこと」という遊び・健康な身体・生活習慣・社会性に関わる内容が，園種を問わず重視されている傾向を示している。これと比較すると，言葉とコミュニケーションに関連する「思ったことをはっきり話し，人の話をよく聞くこと」は，そこまで重視されているとは言いがたい。加えて文字習得に直接結びつく「文字や数を学習すること」を重視する，と回答した園に至ってはほとんどない。

しかしながら同調査は，特に私立幼稚園・認定こども園において，半数を超える園が「ひらがなの読み・書きの練習」や「英語」を通常の保育時間におけ

序章　なぜ，今，幼児期の「文字」と「保育」を扱うのか

る活動として取り入れている実態もまた同時に示している。特に 5 歳児に関しては，調査に回答した私立・民間園のうち，9 割を超える園がひらがなの書き練習や，英語学習に取り組んでいるようである。

　総合すると，日本の保育実践においては，カリキュラム上は言葉やコミュニケーション，なかでも文字習得に関し十分な注意が払われているとは言えず，実践現場でも文字習得が積極的に意識され，語られているわけではない。いっぽうで実際の取り組みに関しては，園ごとの差，特に園種による差異が大きいと考えられる。これまで見てきたように，幼稚園教育要領や保育所保育指針，認定こども園保育・教育要領は，子どもの心情・意欲・態度の総合的な形成を主とした記述であり，文字を含め，言葉やコミュニケーションに関わる内容はその一部を占めるにすぎない。一般に多くの保育施設は，文字習得に関わる内容を教育・保育目標として積極的に意識せず，子どもの人間関係や社会性，運動・食育等を総合した体づくり，造形・音楽等の表現活動に主な価値を置く実践が目立つ（Hegde, Sugita, Crane-Mitchell, & Averett, 2014）。それを支える保育研究者も，話し言葉による表現に対して一定の価値づけを与えるものの，幼児期から文字を積極的に扱うことには概して否定的な場合が多いだろう。

　これに対し，私立園を中心に実際にひらがなの読み書き練習や英語教育に取り組んでいる施設が一定数見られる実態は，そのような取り組みが少ない公立園の実践内容と比べて大きなギャップがある。ベネッセ教育総合研究所（2019）によれば，私立園におけるこの傾向は，保育所に比べ，特に幼稚園・認定こども園に顕著という結果であった。保育内容をアピールして園児を募集する必要がある私立幼稚園や，私立幼稚園を基盤としていたり，設立間もなかったりする施設が少なくない私立こども園にとって，保育実践の内容と質に関し，保護者をはじめとする第三者にとって明確なイメージを示し，応えていくことは，園経営において欠かせない課題だろう。文字習得に関わる取り組みは，そこにおけるわかりやすい指標とみなされている可能性がある。ここからは，ベネッセ教育総合研究所（2019）の調査結果に表れている，文字に関わる取り組みにおける園種ごとのギャップが，次に論じる，幼児の文字習得とその指導に対し保護者が有している一般的イメージと深く結びついていることが示唆される。

11

2) 保護者にとっての子どもの文字習得

　文字習得の開始期である就学前後の子どもをもつ保護者は，文字習得とその指導に対しどのようなイメージを抱いているだろうか。

　ベネッセ教育総合研究所（2013）は，幼児から小学1年生の子どもをもつ母親5,016名を対象に，子どもの学びの様子と母親の関わりや意識に関する大規模な質問紙調査を実施している。その結果，幼児の母親が考える「小学校入学までに身につけてほしいこと」としては，生活習慣に関わるもの（「好き嫌いなく食事ができる」「家で遊んだ後，片づけができる」等）と，「学び」に向かう力（「どんなことに対しても，自信をもって取り組める」「夢中になっていることでも，時間がくれば，次のことに移ることができる」等）の2点が挙げられた。これに対し，小学校1年生の母親が振り返る「今，振り返ってみると，子どもが小学校に入学するまでに，身につけておいたほうがよかったと思うこと」における，特に文字・数・思考に関する項目では，「えんぴつを正しく持てる」「かな文字を読める」「自分の名前をひらがなで書ける」「自分の名前を読める」が上位に挙げられた。加えてそこでは，「勉強や学習」に関する母親の悩みについて，「家庭で学習しない」「ついていけるか」「読み書きの習得」等が自由記述回答としてまとめられている。

　この調査報告はいっけん，保護者の文字習得を意識する傾向が，小学校への入学を境に見られることを示したものと読み取れるだろう。ただしこの結果には，調査の実施者が想定している，幼児期の文字習得へのイメージが反映されている可能性を考えておく必要がある。実際にこの調査では，幼児の母親に対して「文字・数・思考」に関連する項目が質問されていない。いっぽうで小学校1年生の母親に質問する際には，新たに「文字」の項目が設定され，「学びに向かう力」と区分されて質問項目が作成されている。このように就学前後を分けて設定された調査項目の内容自体に，前述した，この時期の子どもの教育・保育に関わる課題を扱っている多くの日本の研究者のもつ，文字習得への理解と位置づけが現れている可能性があるといえよう。

　では就学前後の子どもをもつ保護者は，この調査結果のように，小学校入学後に初めて子どもの文字習得を実際に意識するようになるのだろうか。このこ

とを更に分析するうえでは，日本の保護者の特徴として指摘される，習い事等の育児産業に依存する傾向の強さ（濱名，2011）が参考となる。

　幼稚園・保育所に通う子どもをもつ全国の保護者を対象に実施された質問紙調査（ベネッセ教育総合研究所，2008）によれば，回答者 5,884 名のうち，首都圏と地方で大きな差があるものの，52.7%が子どもに習い事・スポーツクラブ・通信教育等をさせており，24.0%は複数の習い事等をさせているという。特に，定期的に教材が届く通信教育をはじめとする学習系の内容は全体の 34.5%，詳細な分析の対象となった首都圏の保護者 3,069 名に限っていえば，学習系の通信教育・習い事等に取り組んでいるのは年長児の約半数（49.0%）という結果であった。幼児を対象とする通信教育教材のほとんどにおいて，文字の読み書き習得は一定の地位を占めている。したがって実際には一定数の保護者は，小学校入学前から何らかの形で子どもの文字習得を意識し，機会を与えていることが示唆される。

　先に述べてきた保育実践における文字習得の位置づけとあわせ，この結果をどのように解釈すべきだろうか。その際に手がかりとなるのは，日本の保育実践が置かれている歴史的背景であろう。諸外国の幼児教育・保育改革が小学校以降の学校教育を明確に意識し，知的教育＝学力形成を軸として進められてきたのに対し，日本においては子どもの自主性・主体性を育てるという観点でそれらの改革が進められてきた（汐見，2008）。そのような傾向は，幼児教育・保育改革に学力問題が入り込むことに警戒的である，現在の日本の保育実践がもつ歴史へとつながった。結果的にそれは，多くの保護者における「知的教育は家庭で，心情や意欲などの人格形成は幼児教育・保育機関で」（汐見，2008）という構えと，幼児を対象とする文字指導を含めた通信教育の隆盛という，ベネッセ教育総合研究所（2008）の調査結果に表れている，日本特有の傾向を導いたことが考えられる。

　保護者の多くは，一部の"熱心な"園を除き，幼稚園・保育所等の就学前施設に対し「園では『文字』を教えてくれない」というイメージをもっているかもしれない。教育における家庭の責任論をさまざまな形で強調する日本の傾向と相まって，多くの保護者は文字習得を「親の責任として自分たちで教える」

ものと理解している可能性がある。このような構造の中で，保護者の「文字習得」観は，保育者の意識や保育実践における実際のありようと切り離され，識字能力を個々に高めるための指導に特化した活動をパッケージ化して教授するものとして理解・形成されている可能性が高い。

　通信教育に代表される学習系の習い事を実際に子どもに課すかどうかは，家庭の所得状況や考え方，地域によって異なるだろう。とはいえ，そこにおいて読み書き教材として提起された内容は，文字習得のイメージを保護者に形づくるのに強く影響すると考えられる。幼児期の文字指導のありように影響する保護者や保育者の文字習得観を探るうえでは，このような日本に特有の背景を十分に考慮しておく必要がある。

3） 小学校教育実践における文字習得

　これに対し小学校以降では，「文字習得」はどのように位置づけられ，扱われてきただろうか。一般に日本の小学校教育では，保育実践を通じて得られた子どもの学びの経験を受けとめ，教育課程および内容に十分に反映させている実践が多いとはいえない実情がある。文字習得についてもこのことは同様だろう。

　多くの小学校における教育実践では，文字習得に関する活動の中心となる国語科において，かな文字や漢字の字形や筆順，特殊音節の読み書きをはじめとするさまざまな文字を「誤りなく読み書きする」ことに対し，特に初期段階で強い価値づけをする傾向がある。それは，例えば音読や漢字ドリル等の反復学習，家庭学習における文字の書き取りの「宿題」等を介して，誤りなく，正しく読み書きすることに重点的に学習課題や時間が割り振られる指導の展開として具体化されているといえよう。

　しかしながら，小学校学習指導要領に基づく文字指導は，必ずしも「誤りなく読み書きする」ことのみに焦点をあてたものではない。国語科における目指したい方向性は，例えば「豊かな表現力を育む『書くこと』の授業づくり」（水戸部，2016）といった資料に代表されるように，単なる識字能力の獲得を超えた取り組みにある。文字を誤りなく書くだけではなく，それを使って表現することを重視した活動は，一般に国語科はもちろん，それ以外の小学校における

序章　なぜ，今，幼児期の「文字」と「保育」を扱うのか

教育課程内外の多様な場面において認められる。とはいえ実際には，例えば作文指導において，子どもが表現しようとしている内容と同等，もしくはそれ以上に，文字の正しい字形や書き順，原稿用紙の適切な使い方などに目が向けられ，熱心かつ細やかな指導が行われるケースは，特に文字習得の初期段階である低学年を中心に少なくない。日本の小学校における文字指導が，このような，まずは「誤りなく書く」ことに価値を置き展開される傾向は，かな文字に限らず，他の文字においても同様である。漢字やアルファベットの学び始めに小学校で使われるドリル教材のほとんどが，正しい字形と筆順で文字を繰り返し書く練習から開始されている事実からは，その傾向を容易に読み取ることができる。

　前項で述べた，「読み書きの練習」という私立幼稚園・こども園を中心に広く実践されている取り組みは，このような意味で，小学校における文字指導の一般的なイメージを部分的に先取りすることを意識したアプローチとして考えられる。それは，「文字の読み書きの習得＝自分の名前をはじめとする一つ一つの文字を正しく読み書きできること」という，小学校入学時に求められると多くの保護者が想像し，要望している取り組みという点からも理解できよう。これに対し既に述べたように，幼稚園教育要領や保育所保育指針，認定こども園保育・教育要領といったカリキュラムにおいて，文字は「遊びの中で自然に学ぶ」という位置づけであり，文字習得は多くある保育内容の一つとして特に重視されず，積極的に扱われていない。

　保育と小学校教育という就学前後の実践の間で，文字習得への価値づけとそれに対するアプローチには，このように大きな隔たりがある。それは，幼児期における文字習得を支える保育実践の望ましいありようについて，日本においてはいまだ十分に論じられていないということを意味している。

第3節　幼児期の文字習得を支える保育実践における研究上の論点と方法論

　第2節では，幼児期の文字習得として何が想定され，それは実践においてどのように価値づけられ，扱われているかを国外・国内に分けてまとめるととも

に，その背景との関連を整理した。ほとんどの子どもにとって，文字習得が実際には幼児期に開始されることをふまえると，それを支える保育実践として，どのようなねらいと内容を考え，取り組んでいくことが適切かを改めて検討することは，一定の意義をもつ研究課題だといえよう。ここではその検討にあたっての，研究上の論点と方法論を述べる。

1. 文字習得を発達から捉える

1) 幼－小移行期と文字習得──現状と課題

　第1の論点は，文字習得とそれを支える保育実践を，幼児期のみに閉じた課題として捉えるのではなく，学童期以降の生活や学びとの連続性という発達的な視点から理解することの必要性である。

　これまでに述べたように，日本の保育カリキュラム上，文字習得を促す活動は積極的に位置づけられていない。これに対し一部の園では，かな文字やアルファベットの読み書き指導，英語教育のプログラムなど，幼稚園教育要領等と合致しない方向での多様な保育内容が混在し，文字習得を促す試みとして取り組まれている現実がある。実際にかな文字の読み書き指導に取り組む保育施設であっても，その内容は小学1年生以降で扱う学習を部分的に先取りし，小学校と類似の活動内容を幼児に試みるにとどまっているのではないだろうか。

　このことが意味するのは，「文字」に積極的に取り組んでいるか否かにかかわらず，幼児期の文字習得に対し，就学前後の学習の系統性をふまえ，どのような形で向き合うかの検討が，いまだ十分になされていないという事実であろう。幼児期だからこそ求められる文字習得とは何か，それを支える保育実践をいかに進めるかという課題を，小学校，更にはそれ以降の生活や学びとの連続的な視点から検討し，実践として展開しているケースは，現状ではほとんど見られないといえる。

　このような課題に対し，公的にはどんなアプローチが試みられているだろうか。まずは幼－小移行期の実践を連続的に捉えるにあたり，現状では何がどのようになされているかを見てみよう。

　平成29年に改訂された幼稚園教育要領・小学校学習指導要領では，「幼児期

の終わりまでに育ってほしい姿」を幼稚園・小学校の教職員が共有することで，保育・幼児教育と小学校教育の円滑な接続を明確に図ることが示された。その中には文字や話し言葉に関する「数量や図形，標識や文字などへの関心・感覚」「言葉による伝え合い」という項目が含まれる。これらの方向性は，同時に改定された保育所保育指針や認定こども園保育・教育要領とあわせ，日本における保育実践の計画と実践のガイドライン全体で共有されている。加えて国としては，両者の接続のための具体的な対応として，幼稚園・保育所等の就学前施設に対する，小学校への就学準備としてのアプローチカリキュラムの提案，小学校に対する，入学直後の児童に対応するスタートカリキュラム作成の義務化などの施策を積極的に推進している。

　就学前から小学校教育への移行（transition）に伴い，教育内容におけるいわゆる「段差」を子どもたちが経験することは，国際的な課題として広く知られている（Woodhead & Moss, 2007）。しかしながら日本では，文字習得に限らず，就学前後を接続した連続的な視点からの保育・教育内容の検討が，それぞれの実践現場で十分に行われているとは言いがたく，相互の保育・教育内容には大きな隔たりが認められる。双方の「学びをつなぐ」ための実践現場における対応は道半ばであり，模索中なのが実情であろう。上述のように，法的には就学前と小学校教育を「つなぐ」ことが強く意識されているにもかかわらず，それを具体的に結ぶ試みの普及そして定着は，まだ十分とはいえない現実がある。

　この実態をふまえたとき，学童期以降との連続的な視点から文字習得を考えるには，どのようにすればよいのだろうか。

　その際に考慮したいのは，「連続的な視点」とは，小学校での教育実践において求められる内容から保育実践を考え，両者の内容を揃えようとする営みに限らない点である。このことは，就学前後の実践間の"連続性"をつくる取り組みが，「早期の学校化」とも称される，学童期の教育内容と評価方法を単純に先取りする傾向を導きかねないことに，保育者や研究者の中で一定の懸念が示されている（滝口, 2019）ことと深く関わる。

　山本（2012）は，小学校への移行期の保育内容・方法を考えることが，カリキュラムにおいて掲げられた個々の目標を「点検表」のように扱い，未達成の

結果を子どもにストレートに求め，子どもができているか否かで保育を評価する傾向を導かないかと指摘する。このことを文字習得にあてはめて考えてみると，「誤りなく読み書きする」という，小学校での狭義の文字指導の内容と評価基準をそのまま幼児期に適用することの問題性が浮かび上がるだろう。学童期以降との連続的な視点をふまえた「幼児期の文字習得」が，仮にそのような形で，幼児期と学童期の「共通性」を一面的に追究する営みとなるのであれば，その結果，文字習得を促す保育実践は「点検主義」（山本，2009）的なものとなり，幼児期特有の発達特徴に基づく，保育実践の本来のありようとはかけ離れていくことになりかねない。とりわけ文字習得は，就学準備として手早くイメージされ，幼－小移行期の教育内容を揃える方向での「連続性」を検討されやすい課題であろう。だからこそ，幼児期の文字習得を捉え，それを促す適切な実践とは何かを探るうえでは，幼児期と学童期以降の発達の連続性ということの実際の意味を改めて理解する必要がある。

2) 生涯発達と文字習得

　文字習得に関し，幼児期と学童期以降との生活や学びを連続的に捉えることは，小学校での取り組みを幼児期に下ろし，ただ単に両者の実践内容や評価の視点を合わせることで段差を解消し，スムーズにつなぐことと同義ではない。それは，幼児期に保育実践を通じて経験された内容が，学童期も含めた生涯発達の過程でどのような意味をもつかをふまえ，幼児期だからこそ可能となる文字習得の取り組みを考慮し，保育実践の展開を検討することである。これは，従来の研究では十分に提起されてこなかったアプローチであろう。

　幼児期から学童期への移行をふまえた保育実践の課題を国際的な視点から整理しているBennett（2007）は，乳幼児期の学習におけるいわゆるホリスティックな性質に着目し，文字や読み書きに関わる指導を特に強調しない立場から保育実践を論じる際にも，リテラシーに関する視点や議論を回避するべきではないと指摘する。幼児期に実際に進行しつつある文字習得が子どもに何をもたらし，その後の生活をどのように変化させるのか。そのときの文字習得としてそもそもどのような内容を想定し，それをどのように捉え，評価するのか。本書

序章　なぜ，今，幼児期の「文字」と「保育」を扱うのか

では，生涯発達の過程を見すえた学童期以降との連続性という視点から文字習得を捉え，それを支える保育実践のとるべき方向性と手立てを示す。このことは，先行研究では十分に扱われてこなかった，新たな課題の検討を可能にするだろう。

　第2節では，学習系の習い事や通信教育などの育児産業を介し，幼児期から文字の読み書き学習に取り組ませる保護者がとりわけ首都圏に相当数存在する現状を指摘した。このことは，文字も含めた言葉の習得における所得格差や地域格差の問題へと結びつく（内田，2012）。そのような背景をふまえたとき，文字も含めた言葉の習得における所得格差や地域格差を是正するために，幼児期の保育実践を通じて何ができるだろうか。生涯発達の過程から幼児期を見たとき，環境の違いにかかわらず，幼児期だからこそ保障したい経験や学びとはどのようなものか。本書を通じ，幼児期の文字習得における課題を発達的な視点へと拡張して捉え直すことは，例えば私たちが直面するこれらの課題に対する，保育実践を通じての具体的なアプローチを探究する際の手がかりとなりうる。

2．文字習得を社会的関係から捉える

　第2の論点は，文字習得を促す保育実践に，現実的な示唆と具体的な手立てを提供できる研究成果の必要性である。

　幼児期の文字習得を扱ううえで，読み書き能力の獲得を従属変数に置いた従来の研究成果は，例えば学習障害のある子どもをはじめとする，文字の読み書き習得に困難を抱える幼児・児童の支援に効果的な示唆を提供してきた（天野，2006）。いっぽうで日本の子どもの抱える読み書きの困難性は，幼児期の文字習得を扱う諸研究において代表的な指標となっているひらがなの清音・濁音・半濁音よりも，文字習得がある程度進行して以降の拗音・促音・長音といった特殊音節や，漢字において特に表れる傾向があることが指摘されている（高橋，2015）。このことは，表記と発音の関係性が不規則であるため，語や文の読みや綴りにおける困難が学び始めの段階で問題となりやすい英語圏と日本とでは，「幼児期の文字習得」に関する問題背景が大きく異なるという事実へと結びつく。

　文字習得を促す保育実践を扱う研究成果の国内外における多寡は，このよう

19

な事実を顕在化したものだと考えられよう。国際的には，幼児期の文字習得に関わる課題は，初期リテラシーとして保育実践において不可欠な要素として論じられ，英語圏を筆頭として数多くの研究が近年も積極的に展開されている（例えば，Pyle, Poliszczuk, & Danniels, 2018）。これに比して国内においては，幼児期の文字習得を促す保育実践に対し具体的な示唆を与える研究が，これまで十分に取り組まれてきたとは言いがたい。認知的側面に関わる文字習得の困難性が，どちらかといえば幼児期より学童期に顕在しやすいのは，日本語固有の特徴である。このことは国内における，文字習得を支える保育実践にインパクトを与える研究の少なさの一因であろう。

　それに加え，本書でもう一つ考えておきたいのは，これまで幼児期の文字習得を扱ってきた先行研究が何に着目してきたかという，文字習得の捉え方の問題である。日本において幼児期の文字習得を扱った先行研究の多くは，文字習得を成り立たせる認知的側面や，家庭・保育環境の特徴に着目してきた。いっぽう，子ども自身が埋め込まれている社会的関係の中で，子どもが文字を能動的に用いていくための方略の発達過程や，それを支える要件等，習得した文字を子どもが日々の生活の中で実際に機能させるうえで欠かせない側面には，十分に焦点をあててこなかったのではないだろうか。この点に関し，絵本の読み聞かせと手紙を書く活動を通じて保育実践と文字習得の関わりを描き出している横山（2004）は，文字習得に先立ち，またその習得過程において，家庭や保育場面で文字を媒介する活動を経験することが，文字の機能や有益性，楽しさを知るために寄与していることを指摘する。これは，幼児期の文字習得を扱う従来の研究では十分に検討されてこなかった，文字習得を支えるコミュニケーション過程等の社会的側面に焦点をあてた分析を進める必要性を示唆するものだといえよう。それはこれまで触れてきた国際的な研究動向において，初期リテラシーの発達という形で，認知的・社会的側面の双方から文字習得が捉えられてきたことと重なる。

　この論点をふまえ，本書では幼児期の文字習得の問題を，文字習得の認知的・社会的側面を含む概念である，初期リテラシー発達の問題へと拡張する。それによって幼児期の文字習得を促す保育実践に対し，具体的かつ実現可能な示唆

序章　なぜ，今，幼児期の「文字」と「保育」を扱うのか

の提供を試みる。

　ただし一つ確認したいのは，社会的側面を含めて幼児期の文字習得の問題に
アプローチすることは，効果的な文字指導法の検討を目的に，既存の保育実践
において子どもになじみのある遊びや活動に焦点をあて，実践的に研究を進め
るという，研究対象の選択の問題と同義ではない点である。そうではないとす
れば，初期リテラシー発達の視点から研究を進めるとは，何をどのようにする
ことを指すのだろうか。次項では方法論と，それをふまえた本書の理論的枠組
み，研究成果と保育実践との関連をどのように考えるかを述べる。

3.　文字習得を研究する ── 方法論的特徴

1)　理論の枠組み ── 生態学的発達論

文字習得研究によって目指すもの

　前項までに，幼児期の文字習得に関わる論点として，学童期以降に続く連続
的な課題として文字習得を発達的に探究すること，また社会的側面に焦点をあ
て，初期リテラシーの視点から文字習得を促す保育実践を検討すること，の2
点を整理した。これらの論点をいかに具体的な研究として扱うか，実際の取り
組みにおいて考えておく必要があるのは研究方法論の問題である。高橋（1999）
を参考にすれば，それは「なぜ幼児期の文字習得に取り組むのか」という対象
の設定に関わる問いと，「幼児期の文字習得にいかに取り組み，どのような説明
を行うことを目指すのか」という具体的な研究方法に関わる問いへと分けるこ
とができる。

　幼児期の文字習得を促す保育実践に関しては，既に述べてきたようにいくつ
かの先行研究が存在する。なかでも横山（2004）は，保育における文字を媒介
する活動の代表である絵本の読み聞かせと手紙を書く活動について，その全体
的な構造と特徴を保育の文脈の中で明らかにした研究が見られないことを指摘
したうえで，それらの活動が文字習得過程に対してもつ意義と，その過程にお
いて保育者の果たす役割の重要性を，一連の調査研究を通じて示している。し
かしそこでは，実際に幼児期の文字習得を支える保育者が，日常の保育実践に
おけるさまざまな条件や制約のもとで実践を創造的に展開するための具体的な

21

手がかりが提供されているわけではない。

　本書ではこれらの代表的な研究知見をおさえつつ，それを一歩深め，幼児期の文字習得を支える保育者が，初期リテラシー発達を促す保育実践を創造的に展開する過程に実質的に貢献するための研究，という水準で現象にアプローチする。それによって，幼児期の文字習得に対し，新たに可能となる実践の提起を目指す。そのためには，幼児期における文字習得と指導の問題を，文化的背景を超えた一般的な形式で扱ったり，それとは逆に，保育実践における文字に関わる特定の活動を取り上げ，個別具体的に分析したりするだけでは十分ではない。必要なのは，日本の幼児にとっての文字習得，ならびに日本の保育実践の置かれた社会的文脈をふまえて研究を計画し，問題に取り組むことであろう。

生態学的発達論からの方法論的示唆

　このような方法論の問題を念頭に置いたとき，Bronfenbrenner（1979）による生態学的発達論からの示唆は有効だろう。なかでも本書の理論的基盤に関わるものとして，次の2点を特に挙げることができる。それは，①発達しつつある個人は直接的な環境間の関係に影響を受けると同時に，その環境が埋め込まれている，より広範な文脈によっても影響されること，②複数人を含む研究場面で，その分析モデルは，二者間の相互作用に及ぼす，第三者の間接的な影響を考慮する必要があること（二次的効果）である。

　1点目は，発達しつつある個人，すなわち文字習得の当事者である子どもに対し，文字を媒介する活動やそれを支える保育者や保護者，その相互関係からの影響に加え，それらの活動が埋め込まれているより広い文脈による影響を重層的に探る必要がある，という形で言いかえられる。

　ここから特に求められるのは，保育実践に関わる日本特有の背景をふまえて研究をデザインすることであろう。それは多くの保育現場では「遊びを介した子どもの心情・意欲・態度の総合的な形成」を保育カリキュラムにおける中心的な理念として，人間関係や社会性，運動・食育等の体づくり，造形・音楽等の表現活動に主な価値が置かれ，いっぽうで「関心・感覚を豊かにする」以上には文字指導が強調されないという事実を指す。対照的に，私立幼稚園・こども園を中心に，保護者にわかりやすい指標として，文字の読み書き練習や英語

序章　なぜ，今，幼児期の「文字」と「保育」を扱うのか

など，言葉に特化した教育に熱心に取り組む園も同時に一定数存在する。本書
では，これらのより広い文脈が，保育者の指導観にどのように影響し，文字指
導に関わる具体的な取り組みを制約したり，拡張したりするかを探る方向で研
究を計画する。このことは，初期リテラシーの発達を促す実践を，多様な文脈
に埋め込まれた個々の保育者が創造的に展開することを支えるうえで，実際に
何をどのように整えたらよいかを総合的に説明することを可能にするだろう。

　2点目は，保育実践における文字指導を支える保育者の働きかけを，子ども
と保育者を取り巻く他者との関係性の中に位置づけることで，その働きかけを
現実化させる手立ての記述を可能にすることと言いかえられる。それは「どの
ように教えたら子どもが伸びるか」という，文字習得の当事者である子どもと
保育者の二者関係として問題を捉える枠組みとは根本的に異なる。

　Bronfenbrenner（1979）は，二者関係がもつ発達的な可能性は，それぞれの
第三者との関係が相互に肯定的であり，二者関係の中の発達的活動に対して第
三者が支持的であればあるほど高められることを指摘する。反対にそれは，そ
れぞれの第三者との関係が相互に否定的であったり，二者関係の中の発達的活
動を第三者が妨げたり干渉したりするほど損なわれるという。本書では，子ど
ものパフォーマンスと保育者の指導との関係性という，当事者である子どもと
それを支える保育者の働きかけという二者関係のありようだけではなく，そこ
において第三者として機能する他児や保護者，他の保育者や他児の保護者の参
加や役割，ふるまいの影響に着目して研究を計画し，進めていくこととする。こ
のこともまた，初期リテラシーの発達を促す保育実践をより意味のある形で分
析し，実践への示唆を提起することに寄与するだろう。

2）　研究法の特徴 ── 保育実践研究

　「幼児期の文字習得の問題にいかに取り組み，どのような説明を行うことを目
指すのか」という方法論の問題としてもう1点考える必要があるのは，保育実
践者ではない筆者による本書の成果を，具体的かつ現実的な示唆として保育実
践に提供することを，実際にどのように成り立たせるかという点である。この
ことは，特にここ四半世紀ほど教育心理学や発達心理学の文脈で盛んに展開さ

23

れている「実践研究」とは何を指すかという議論と深く関わる。

　近年の心理学で展開されている実践研究の定義には一定の幅があり，一義的にそれを定めることは難しい。とはいえその特徴は，研究目的のためにあえて設けられた調査や実験の場ではなく，現実場面での実践を直接の対象としていること，"現場"での事象を扱う研究法として展開されている点に見いだすことができる。

　いっぽうで，保育をはじめとする実践現場で展開される活動を扱う研究をすなわち「実践的」だとみなす立場は，研究成果を実践現場での"問題解決"に役立てるという「理論の実践化」（佐藤，1998）がはらむ問題と不可分の関係にある。"役立つ"研究の成果や理論を実践に素朴に適用することは，同時に保育・教育実践における実践者の創造性や主体性を制約する可能性がある。このことは田中（2014）が指摘する，研究者による保育方法の開発と実践への適用という「理論導入型」のスタイルによってしばしば起こりうる，実践現場の管理者が，その権威により研究成果を導入し，結果的に当初の目的とは別の困難さを実践現場に招いてしまうという問題と重なる。

　この問題を，本書の対象である文字習得を促す保育実践に引きつけて考えてみたい。例えば文字習得を促す認知的基盤に関する研究成果を一般化し，保育における実践内容や指導に直接結びつけようとするアプローチが，幼児期の文字指導を取り巻く日本特有の背景を十分にふまえることなく実践への示唆として提供された場合に何が起こりうるだろうか。その際には，結果として子ども自身が文字に関わる活動を自ら選び取る余地を少なくする，すなわちそれが「指導」の受け手である立場の弱い子どもの選択肢と発達可能性を制約しうる（加藤，2011）ことを考慮しておく必要があるだろう。つまり保育実践に具体的かつ現実的な示唆を提供できる研究をどのように企図するかという課題は，既に述べたように，保育実践における文字活動といった具体的な場面を扱うかどうかという，単なる研究対象の選択にあるのではない。それは研究を展開するにあたり，前述の「理論の実践化」に伴う問題をもたらしにくい研究デザインをどう採用するかという，方法論上の工夫にある。

　日本の幼児にとっての文字習得，ならびに保育実践の置かれた背景を多層的

にふまえ，実際に保育の手立てとして適用可能な方法の検討を可能にするために，ここでは「実践の中の理論」（佐藤，1998）の探究と創造を具体化する方法を導入する。それは研究者による資料収集を軸とする伝統的な心理学研究法に加え，研究者と保育者が共同で研究計画を立て資料収集を進める，アクションリサーチ（Elliott, 1991）を基軸とする保育実践研究の手法を用いることである。これらの研究方法と，本論の各章との関係については次節で述べる。

 第4節　保育実践を介した幼児期の文字習得の検討に向けて

1．本書は何を論じるか

　第1節では，子どもの文字習得は国内外を問わず幼児期の課題として認識されており，日本の主な先行研究では，文字習得を従属変数として，それがいかに成り立つかが検討されてきたことを述べてきた。続いて第2節では，文字習得を促す保育実践とその背景に関する国内外の動向を概観した。国際的には，文字習得の認知的側面だけではなく，社会的側面も含めた初期リテラシーの習得を，保育実践を通じていかに支えるかが積極的に議論されている。それに対し国内では，幼児期の文字習得とは何を指すかが十分に議論されていない結果として，対照的な内容の取り組みを含む保育実践が，保護者の視点等にも影響されつつさまざまな方向性で混在している現状がある。第3節ではこの現状から導かれる，幼児期の文字習得に関する2つの論点を示した。1つは，幼児期に文字を習得することがその後の生活に何をもたらすかという，学童期以降，生涯発達との連続的な視点から幼児期における文字習得のありようを検討する必要性である。もう1つは，幼児期の文字習得を促す保育実践を展開し，具体的な指導を考えるうえで手がかりとなり，実践に具体的・現実的な示唆を提供できる研究を進める必要性である。それにあたって，社会的側面に焦点をあて，文字習得の問題を，初期リテラシーの発達をいかに促すかに拡張すること，そのために生態学的発達論を方法論的基盤に置くとともに，保育実践研究の手法を導入することを提起した。

　以上に基づき，本書でははじめに，幼児期の文字習得の実態および課題を，

「初期リテラシー」をキーワードとして整理し，保育実践を通じて初期リテラシー発達を促す新たな取り組みを提起する。続いて，遊びを中心とする総合的な指導という日本の保育実践に特有の社会・文化的文脈をふまえ，初期リテラシー発達を促す保育実践を展開するうえでの課題を探る。そのうえで，保育者がそれらの実践を創造的に展開するために不可欠となる方法を提案するとともに，その効果と妥当性を検討する。最後に一連の研究成果に基づき，初期リテラシー発達を促す保育実践を経験することが，幼児期以降の子どもの生活に何をもたらすか，学童期を含めた生涯発達との連続性をふまえて考察する。

2．本書の構成と特色

1）6つの問い

本書の内容は，上述の目的と流れに沿って設定された，以下の6つの問いから構成される。これらは，幼児期の文字習得の目標と内容を捉え直し，初期リテラシー発達を支える新たな取り組みを提起する第1～4の問いと，提起された幼児期の文字習得を支える初期リテラシー発達を幅広く保障する取り組みを，日本の保育実践の文脈をふまえて実現する方法を提案・検証する，第5～6の問いとに分けることができる。

第1の問いは，これまで幼児期の文字習得の実態は的確に把握されてきたか，そのためにはどうすればよいかという問題である。このことを検討するため，幼児にとっての文字習得の価値や意味という視点から，「幼児の文字使用」に焦点をあてて資料を収集する（第1章）。

続いて第2の問いとして，保育実践現場において，幼児期の文字習得はこれまでどのように扱われてきたかを検討する。そのために保育者のもつ文字指導観に着目し，保育者が文字指導をどのように意識し，日々の実践に取り組んできたかを明らかにする（第2章）。

第3の問いは，幼児期の文字習得を促す保育実践として，従来日本で主になされてきたもの以外に，どのような方向性と内容の取り組みがありうるかというものである。このことを探るため，初期リテラシー発達を支える保育実践に積極的に取り組む国の代表として，イギリス（イングランド）に着目し，初期

リテラシー発達への取り組みの実態と，その背景にある理念，およびそれを可能にする条件や制度について考察する（第 3 章）。

　これらから導かれるのは，初期リテラシー発達を促す保育実践として，これまでの知見をふまえて新たにどのような取り組みが成り立つか，それは幼児期の文字習得に対し，実際にどのようなインパクトを与えるかという第 4 の問いである。その問いを検討するために，保育における日常の遊びとしてよく展開されており，文字によるコミュニケーションや表現と結びつきやすい「手紙のやりとり」活動を保育者と協働して実践する，アクションリサーチ形式の介入的な研究法を導入する（第 4 章）。

　第 5 の問いは，これまで論じてきた初期リテラシー発達を促す試みを，「遊び」に価値を置く日本の保育実践の文脈に埋め込む際に，考慮すべきことは何かというものである。日本の幼児にとっての文字習得，ならびに保育実践の置かれた背景をふまえ提起された新たな試みを，「遊びを通しての総合的な指導」を中心とする日本の保育実践の文脈に無理のない形で位置づけるには何が必要か，文献研究によって整理する（第 5 章）。

　以上を受けた第 6 の問いは，日常的な保育実践を通じて「遊び」をどのように発展させ，初期リテラシー発達を促していくか，という実践的な課題である。この問いに基づき，保育実践における遊びの評価法（第 6 章）と，それに支えられた遊びの発展と初期リテラシー発達の関係の検証（第 7 章）の 2 つの研究から，日本の保育実践現場において，社会的側面に着目して幼児期の初期リテラシー発達を促す手法を提案する。

　本書の締めくくりとなる終章では，序章で提起された問題について，改めて各章の結果をふまえて総括的な討論を行う。その際，一連の研究で得た知見を一貫して読み解くにあたり，「子どもの『声』（children's voices）」という視点を手がかりとする。それは，国際連合によって定められた「児童の権利に関する条約（子どもの権利条約）」における「権利主体としての子ども」という理念と，それに深く関わる「参加し，意見を表明する権利（意見表明権）」の保障という考え方を契機として広く議論されるようになったものであり，初期リテラシー発達とも深く関わることが指摘されている（Harris, 2017）。終章ではこの

概念を援用し，これまで論じてきた初期リテラシー発達の社会的側面を総合的に整理し，その意義を考察し，研究成果と今後の課題を述べる。以上の本書全体の構成を構造的に示したのが，図序-1である。

2) 研究方法の特徴

　本書における資料収集法の特徴と独自性は，マルチメソッド型アプローチ，すなわち複数の異なるデータ収集法を組み合わせた点にある。具体的には，心理学研究として従来取り組まれてきた実験を含む面接調査，質問紙，観察等を通じ，筆者が主導して資料を収集する方法に加え，保育実践現場で働く実践者との共同研究という形での資料収集法を採用した。これらの研究方法と，各章との対応関係は以下のとおりである。

①心理学研究における伝統的な手法
　実験を含む面接調査，質問紙，観察等を通じ，筆者が主導して資料を収集（第1，2，3，7章。第5章は文献研究を中心とする問題の再定位）
②保育実践研究の手法
　保育者と協働して保育実践への介入的な研究をデザインし，実践の過程において共同研究者である保育者が記録した実践事例・エピソード等も含めて資料を収集（第4，6，7章の一部：アクションリサーチ）

　②の保育実践研究では，前節でまとめた「実践の中の理論」の探究と創造を具体化する方法として，社会心理学者クルト・レヴィン（Lewin, K. Z.）が考案したアクションリサーチを用いる。それは，保育実践者と協働して実践の変革に積極的に関与し，その過程と結果を研究データとして扱うアプローチである。このように明らかにしたい問いと対象に対し，複数の研究手法を組み合わせていくあり方は，モザイクアプローチ（Clark, 2017）に代表される，保育実践研究において一般的な方法である。実践者との共同研究を進めるうえでの筆者との具体的な役割分担等については，各章にて詳述する。

序章　なぜ，今，幼児期の「文字」と「保育」を扱うのか

序章：なぜ，今，幼児期の「文字」と「保育」を扱うのか

【目的】保育実践を介した幼児期の文字習得の検討
　　　──初期リテラシー発達の観点から

[RQ1] 幼児期における文字習得の実態

第1章：幼児期の文字習得をどのように捉えるか

[RQ2] 保育者にとっての文字指導

第2章：保育における「文字指導」の現状と課題

[RQ3] 幼児期の文字習得を促す保育実践の探求

第3章：もう一つの「文字指導」の探求
　　　──初期リテラシー発達を促すイングランドの実践

[RQ4] 初期リテラシー発達を促す保育実践の試行

第4章：リテラシーを育む保育の試み
　　　──伝え合いたい関係を土台とする書き言葉へ

[RQ5] 初期リテラシー発達を促す保育実践と「遊び」

第5章：リテラシーと「遊び」の関係
　　　──日本の保育実践の文脈をふまえて

[RQ6]「遊び」の発展から初期リテラシー発達へ

第6章：伝え合いたくなる機会をつくり，育む
　　　──遊びの発展を支える方法の探究

第7章：伝え合いたくなる機会を広げる
　　　──遊びの発展・共有から豊かになるリテラシー

終章：保育における社会的関係から立ち上がる言葉
　　　──全ての子どもの「声」と権利の実現へ

図序-1　本書の構成
注：図中の[RQ]は本書における6つの問いを指す。

29

第 1 章

幼児期の文字習得をどのように捉えるか

 第 1 節　幼児期における文字習得の実態把握に向けて

　日本の保育実践において，幼児期の文字習得はどのように位置づけられ，扱われてきただろうか。本書の第 1 の問いは，幼児期の文字習得の実態は的確に把握されてきたか，そのためにはどうすればよいかというものである。この問いをふまえ，幼児期の文字習得に関し，従来，その指標とされてきたかな文字の識字能力は，その実態を捉えるのに十分といえるかを検討したい。

　この章では，幼児は習得した文字をどのように使うかに着目し，文字習得が開始される幼児期後半の子どもたち自身にとっての文字習得の価値や意味という視点から収集した資料を示す。それらに基づき，幼児特有の文字の使用実態とその機能，それを成り立たせている条件と背景について，既存の評価指標から捉えられる文字習得の様相との比較を試みる。家庭環境の影響に関する資料も交えて考察を進めることで，幼児期の文字習得に関する問題を整理する。

1．幼児にとって「文字」とは

　従来の研究で扱われてきた，日本の幼児の文字習得に関する代表的な指標として，ひらがな文字の読字数・書字数を挙げることができる。それは 1967 年に国立国語研究所において実施された調査（村石・天野，1972）を皮切りに，その後，島村・三上（1994），東（1995），内田ほか（2009）等，幼児の文字習得の様相を明らかにすべく実施された大規模調査にて継続的に用いられてきた。そのうち最も新しいものである内田ほか（2009）では，調査対象となった 3 〜

5歳児2,607名のうち，半数を超える子どもがほぼ全てのひらがな（70〜71文字）を読むことができ，5歳児に限定するとその数は8割を超えることが示された。またそれまでの調査と同様の課題である，「つくえ」「さかな」という単語の視写によって測定された書字については，全体の3割が満点，5歳児に限定すると9割が満点という結果であった。

　これらの調査指標は，幼児期の文字習得度の概要把握という面で大きな意義がある。とはいえここから，文字を習得した子どもたちが実際にそれを用いてどのように活動しているか，その生活における文字使用の実態を捉えることは難しい。

　そもそも文字を習得することは，子どもにどのような変化をもたらすのだろうか。Luria（1982）によれば，話し言葉，すなわち口頭言語と比べたときの書字言語行為の最大の特徴は，書いたものを常に読み返せる点にある。子どもと大人との自然なコミュニケーション過程を経て形成される口頭言語に対し，書字言語では書いたものに何度も立ち戻る過程が下地となって，それを実際にコミュニケーションの場で用いることが可能となる。更にこの過程は自分の思想をつくり出し，確認する行為へと結びつく。ここから考えると，文字を習得し一定の水準で使用することは，その後の書字・作文の直接の基盤となることはもちろん，それに加え，子どもの思考様式の全体的な発達を下支えする機能の形成を導くと仮定してよいだろう。

　とはいえ実際に幼児の文字習得が，書くことによる振り返りを含むそのような思考段階への移行をたちまち意味するとは考えにくい。例えば内田（1989）は，文字に対し子ども自身が感じる価値や機能を探るため，幼児期の終わりと小学校入学以降の子どもを対象に「字が読める・書けるといいことがあるか」と問いかけ，その内容を分析している。その結果明らかになったのは，学童期には8割以上の子どもが文字の価値・機能に気づいているのに対し，幼児期には読み書きに価値を感じない子どもの割合が高い，もしくは価値を感じているにしても，その機能を具体的に認識している子どもが多くないことであった。幼児期におけるこの傾向が現在もおおむね変わらないことは，内田ほか（2009）による同様の調査で裏づけられている。

この結果を読み解くうえでは，岡本（1985）による整理が参考になるだろう。そこでは子どもの言葉が，具体的な場面と結びつき，生活の中で現実体験に根ざしながらやりとりに用いられる「一次的ことば」と，現実の世界とは離れた形で，聞き手一般へ発信される「二次的ことば」に分類され，前者は主として乳幼児期に，後者は学童期以降に展開することが指摘されている。「今，ここ」の世界を越えるコミュニケーションを可能にするという意味で，文字は二次的ことばの代表的な媒体と考えられる。幼児期は読み書きの開始期でありながら，その価値や機能が十分に認識されていないという一連の調査結果は，幼児にとっての文字が，一次的ことばから二次的ことばへの移行期にあることと合致する。つまり目の前の相手とのやりとりを主とする一次的ことばのフィールドで，本来は二次的ことばの媒体である文字との出会いが始まっている段階にあるのが幼児期だといえよう。

2．文字使用への着目

　幼児期の文字が一次的ことばと二次的ことばの中間的な存在であるという議論からは，仮に読み書きが始まっていたとしても，幼児期における文字は，学童期とは異なる形で子どもに自覚され，使用されているかもしれないという仮説を導くことができる。「文字習得」の活動が，幼児期と学童期において外形的には同じであってもそれぞれ異なる意味をもつならば，保育実践における文字指導には，学童期と異なるねらいや内容が求められるはずである。このことをふまえると，幼児期の文字習得をいかに促すかを検討するうえで，まずは子ども自身にとっての価値や機能，意味という点から，幼児期に固有の文字習得の実態が明らかにされ，更にそれが既存の評価指標から捉えられる文字習得の様相とどのような関係をもつかが示される必要がある。

　そのために本章では，文字の使用と機能に着目し，実験的なアプローチを含む面接調査によって収集した幼児期の文字習得の実態に関する資料を報告する。あわせて既存の評価方法との関係および家庭環境の影響について検討することを目的に，保護者を対象として実施した質問紙調査の結果を示す。日本の子どもの初期リテラシー発達の実態と，それがどのように理解されているかを整理

し，幼児期における文字習得を保育や子育てを通じていかに支えることが可能かを探る試みは，単に「文字がどれくらい読み書きできるか」とは異なる観点から文字知識の習得を捉え，評価することへと結びつくはずである。

第2節　幼児はどのように文字を用いるか —— 絵本づくり活動を通じて

1. 絵本づくりにおける「文字」—— 調査課題の設定

　はじめに紹介する調査研究は，文字習得期である4・5歳児を対象に，「絵本づくり活動」を保育実践の中に埋め込み，幼児が文字をどのように使用するかの実態を把握する試みである。具体的には，この時期の子どもにとってなじみがあり，習得した文字の使用を無理のない形で促す場面として「絵本づくり活動」を保育中に設定した。そこにおいて，幼児は文字をどの程度自発的に使用したか，また後に作成した絵本について語る際に，文字がいかに機能したかを分析した。

　協力を依頼したのは，こぶし花園保育園（社会福祉法人こぶし福祉会・香川県高松市）4・5歳児クラス児23名（女児12名／男児11名，月齢範囲54〜83か月，平均月齢71.7か月）である。この保育園では，通常の保育時間における活動として「ひらがなの読み・書きの練習」をはじめとする文字習得に焦点をあてる活動は行われておらず，ワークブック等の文字教材も使用されていなかった。

　調査にあたっては，切り込みを入れて折りたたみ，8面の折本にした白色A4用紙（図1-1）と色鉛筆を準備した。保育室内に絵本作成コーナーと，作成した絵本について調査者に語る「お話コーナー」を設置し，保育時間内の午前中におけるクラス活動の一部として実施した。

　手続きは以下のとおりである。はじめに，同様の材料を用いて作成した見本（絵のみ／絵・文字ありの2種類）を示しながら，調査担当者が絵本のつくり方を説明し，「でき上がったら教えてね。お話コーナーで絵本を読んで聞かせて」と伝えた。絵本の完成後，調査担当者は聞き手として，①子どもが自ら語っ

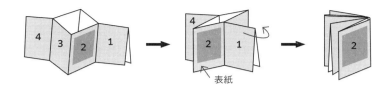

図 1-1　折本の作成方法

た場合は相槌を打ちつつ聞く，②途中，一定の時間を経ても語りが進まなくなった場合は，子どもが語った言葉をそのまま返す，③それでも全く語りが始まらない場合は簡単に子どもに問いかけ（例：「これは？」），子どもの言葉が引き出された後は①または②に沿う，という手順で応じた。

　絵本作成の説明は全ての子どもを対象に行ったが，実際に絵本を作成するかどうかは任意であった。子どもの前で絵本のつくり方を説明する役割は幼稚園教諭免許・保育士資格取得を目指している大学学部学生が，絵本の聞き手は学部学生および筆者が分担して務めた。調査は 2012 年 3 月（5 歳児クラス）と 8 月（4・5 歳児クラス）の 2 回に分け実施された。

2. どんな絵本をつくり，どのように語ったか──調査結果

1）作成された絵本の概要

　子どもたちが作成した絵本の総数は 30 部であった。うち，一人で 3 部作成した子どもが 1 名，2 部作成した子どもが 5 名であった。絵本における文字表現について，絵とともに文字様のものが描かれた本（以下「文字あり」）は 20 部（16 名），絵のみの本（以下「文字なし」）は 10 部（7 名）であり，文字のみの本はなかった。「文字あり」20 部のうち，本のタイトルもしくは「おしまい」等の締めくくりの語のみが記されたのは 4 部，カタログ的に絵を解説する単語のみが記されたのは 3 部，それ以外の 13 部には，文や句等，絵とともに文字が記されていた。また，同一の子どもが「文字あり／なし」双方の本をつくったケースはなかった。「文字あり／なし」ごとの作成者の平均月齢と平均ページ数，それぞれの標準偏差（SD）については，表 1-1 に示したとおりである。

表1-1　絵本の作成人数と平均作成月齢・ページ数

	作成人数	平均月齢 (*SD*)	平均ページ数 (*SD*)
文字あり	16 [9]	77.0 (4.54)	6.70 (2.00)
文字なし	7 [3]	60.6 (8.22)	5.50 (2.42)

注：[ ] は女児・内数。

2）　絵本を語る際の文字使用

作成した絵本をもとにした語りについて，記録が欠落した女児1名を除く22名を分析した。「文字なし」の絵本を作成した7名はいずれの子どもにおいても，自身でつくった絵本を語るうえで，聞き手による積極的な援助や促しが必要であった。絵本の内容を説明するというより，自分で描いた絵を見ながら，その場で物語を再構成し語る様子が多く見られた（エピソード1-1）。

これに対し「文字あり」の絵本を作成した15名には，聞き手による積極的な援助なしに，文や句を記した絵本の内容を語れる子どもが一定数認められた。いっぽうで，自ら作成した絵本であるにもかかわらず，内容を語る際に聞き手の援助を要したり，援助があっても語ることが難しいケースも見られた。また，絵本作成段階で自ら文字を記したにもかかわらず，数分後の語り場面においてそれを「解読」できず，自力での語りが成立しないケースも観察された。

以下に代表的なエピソードを紹介する。カタカナ表記は子どもの語り，（　）内は聞き手による問いかけを示している。［エピソード1-1］は，「文字なし」の本をつくり，その内容をいきいきと物語る5歳男児の例である。作成された絵本が，物語再生の手がかりになっているかどうかはわからない。［エピソード1-2］から［エピソード1-4］で示されているのは，文字が書かれた絵本をつくったものの，再生時にそれが手がかりとして十分機能しなかった例である。

第 1 章　幼児期の文字習得をどのように捉えるか

> エピソード 1-1

　4 歳 10 か月男児　全 6 ページの「文字なし」絵本（図 1-2）を作成

　（どこから始まるのかな？）ゾウサン……（ぞうさんが？……こっちは？）ハイリヨルトコ……（ぞうさんが入りよるところ。ほんまぁ！）……ヒトガハイッテキタ……（人が入ってきたん。ぞうさんがおるところに？）……ウン……（ほんまぁ！　そしたら，そしたら？）……ホンデ，エサアゲタ……（あ，えさあげたん！　ぞうさんに？）ウン……（へ〜！　そしたら，そしたら？）……ウーン。ドンダラ……ヒトガ……エサアゲテカラー，デテイッテ，ホンデソウジシテ，ホンデ，エサモイッカイアゲテ，ホンダラ……〈しばらく考えて〉ヒトガオナラシタ！　（うわ！　おならしたん！　ほんまぁ！　そしたら？）……ホンダラ，マタオナラシタ！　（またおならしたん！　そしたら？）オシマイ！

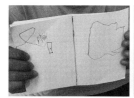  

図 1-2　作成された絵本の実際

> エピソード 1-2

　6 歳 3 か月男児　全 8 ページの「文字あり」絵本（図 1-3）を作成

　……〈本のタイトルを読む〉（しぜん）……〈拾い読み〉ゾロデナカ……スコトニシマシタ……フリマシタ……キタ……ガ……ユキダルマヲツクリマシタ……〈何を書いたかに気づいた様子で〉アー，ユキダルマヲツクリマシタ。オワリ！

37

図 1-3　作成された絵本の実際

> エピソード 1-3

6 歳 1 か月男児　全 6 ページの「文字あり」絵本（図 1-4）を作成

オトコノコノダイボウケン……オトコノコト，オトコノコガ，アルイテイマシタ。〈文字を示しながら〉コレガ"シ"ネ！……〈ページがわからなくなる〉……オ……オコ……（おとこのこかな？）……オトコノコハ，ソラヲ，ミ……ミ……ミア……（あ！見上げて）……ミアゲテイマシタ。オシマイ。

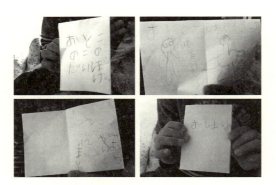

図 1-4　作成された絵本の実際

第 1 章　幼児期の文字習得をどのように捉えるか

> エピソード 1-4
>
> 　6歳3か月男児　全7ページの「文字あり」絵本（図1-5）を作成
> 　ポケモンナンヤケド……（うん，ポケモンのお話聞かせて）……マー，ショウカイモアルンヨナ。ナカマタチノ……（うん，仲間たちの紹介ね）……デモサー，スタジアムデ……アンマリ，レシラムトカ，ゼクロムトカ……（うん。それから？）……ゼクロムガ，トツゼンタタカイニキマシテ……（あ，ゼクロムが突然戦いに来ましてー）ソレデー，ウーントー，ゼクロムト，レシラムハ，タタカイヲシタ。アノー，チョットダケ……アノネ，チョットダケ，コウゲキヲシテ……，ソレデー，エーット，ウーン，ナンダッタッケ？……タタカイガオワッテ……（戦いが終わって？）……オシマイ！

図 1-5　作成された絵本の実際

3. 文字を「書けること」「使えること」は同じではない

　絵本の作成にあたっては，必ずしも文字使用を積極的に促したわけではないものの，おおむね7割（69.6％）の子どもが自発的に文字を使っていた。絵本における表記知識の理解を調べた山形（2012）によれば，絵本における文字への着目と，文字列のどこから読むのかの理解は，4歳台を境に徐々に可能になっていく。作成された絵本に一定程度の文字表現が現れたのは，絵本作成後にそ

の内容を語ってほしい旨を事前に教示したこととあわせ，この時期の子どもが文字の読み書きを習得し始めたこと，絵本における文字の位置づけに対する理解が深まったことが関連していると考えられよう。

いっぽうで，作成された絵本に記された文字が，後に絵本について語る際にその機能を十分に果たしたかといえば，必ずしもそうではなかったことも事実である。文字を用いて表現した子どものうち，本文中の文字を手がかりとして，作成した絵本についてスムーズに語ることができたケースは一定数（6名：40％）認められた。しかしながら数分前に自ら文字を書いて作成した絵本を用いたにもかかわらず，聞き手の援助があってもその内容を説明することが困難であったり，エピソード 1-2 から 1-4 のように，援助を経て初めて語ることが可能になったりするケースも同数（6名：40％）存在した。加えて，絵本に文字が表れなかった7名（10部）においては，いずれもそれを物語る過程において，聞き手による積極的な援助が必要であった。

これらの子どもは語り場面において，絵本の作成時に思い浮かべたストーリーを文字を媒体として述べているというより，エピソード 1-1 のように，実際には語りの場面で，絵本の新たなストーリーを聞き手とともに改めて共同構成していたと思われる。このことは，仮に絵本における表現に文字が用いられていても，この時期の文字は，その本来の機能として考えられる，情報伝達・記録等の役割をまだ十分に果たせていないことを示しているといえよう。

文字習得期には，絵本において自発的な文字の使用が表れた場合でも，それが子ども自身のアイデアや思いを記憶として自らにとどめておくことや，それらを他者に伝達する媒体としてただちに機能するわけではない。つまり「書けて楽しい」時期である幼児期において，文字習得とは，学童期と同様の「文字」の機能を手に入れたことを意味しない。それはあくまで，他者とのやりとりを介して文字を使いこなす機会を前提として成り立っていくのだろう。

第3節　幼児の文字使用を支えるものは

1．文字使用・文字表現の背景──保護者への質問紙から

　前節で紹介した研究は，質的側面に焦点をあてて文字習得を評価する試みの一つとして位置づけられる。いっぽう「読み書き可能な文字数」を代表に，従来の研究では量的側面に焦点をあてて文字習得を評価することが多かった。実際に多くの保護者は一般的に，子どもがどのように文字を使っているかよりも，「ひらがな何文字を読み書きできるか」が気になることが多いだろう。

　これらの現状をふまえ，幼児期の文字習得を多面的に描くことをねらいに，本節では文字習得の質的・量的側面間の関係と，家庭環境の影響を探った調査結果を報告する。具体的には前節の調査と同様の方法で収集した，絵本作成における文字表現と使用に関する資料に加え，従来型の評価指標である読み書き可能な文字数などの文字習得水準と，各家庭における文字指導スタイルの資料を，保護者を対象とする質問紙調査により収集したものを分析対象とした。

　協力を依頼したのは，亀阜幼稚園（学校法人亀阜学園・香川県高松市）5歳児クラス児31名（女児16名／男児15名，月齢範囲70〜82か月，平均月齢76.4か月）とその保護者である。この園では文字習得のみに焦点をあてた活動は設定されていないものの，七夕の短冊書きをはじめ，設定保育として文字を書く活動は積極的に取り入れられており，また文字の書きを含んだ市販のワークブックも用いられている。

　幼児への絵本作成の調査は，2013年2月に実施された。その直後に，当該の子どもの保護者に協力を依頼し，ひらがな書きの習得水準ならびに文字指導のスタイルについての質問紙調査を行った。調査項目は，同様の調査を実施している内田ほか（2009）から，本研究の目的に合う部分を抽出・加筆修正して作成したものである。子どもの文字使用の実態と結びつけて分析するため，事前に了解を得て記名式の質問紙を用いた。

2. 文字使用の背景に見えてきたものは —— 調査結果

1) 作成された絵本と語りにおける文字使用

31名中29名が絵本を作成し，総数は59部であった。うち，絵本を4部作成した子どもが3名，3部作成は2名，2部作成は17名である。文字表現を含む絵本は51部（延べ26名）が作成され，うち文字のみの本は10部（6名），絵とともに文字様のものが描かれた本（以下「文字あり」）は41部であった。「文字あり」のうち，本のタイトルもしくは「おしまい」等の締めくくりの語のみが書かれたのは8部（7名），カタログ的に絵を解説する単語が書かれたのは9部（5名），それ以外の24部（18名）には，文や語句等の文字と絵がともに描かれていた。また，絵のみの本（以下「文字なし」）は8部（3名）であった。複数冊の本を作成した子どものうち，同一の子どもの文字表現の量が冊子ごとに変わることはあったが，同一の子どもが「文字あり／なし」双方の本をつくったケースはなかった。「文字あり／なし」それぞれの作成者の平均月齢と平均ページ数，標準偏差（SD）を表1-2に，作成された絵本の一例を図1-6に示す。

また，作成した絵本をもとにした語りにおいて，「文字なし」の絵本を作成した3名は，いずれの子どもも聞き手である調査担当者による積極的な援助を必要とした。「文字あり」の絵本を作成した26名のうち，援助を全く必要とせずに絵本を物語った子どもは15名（57.7%）いた。いっぽうで，作成した絵本に文字が記されているにもかかわらず，物語るうえで聞き手の積極的な援助を要したケースは11名（42.3%）が認められた。

2) 文字の習得状況と指導観・指導スタイル

保護者への質問紙からは何が見えてきただろうか。子どもたち自身のひらがなへの関心については，29名全員が「ある」と回答した。それがめばえた時期は3歳台までが12名（41.4%）と，内田ほか（2009）に比べ若干遅かった。最初の文字を書き始めた時期は，3歳台までに開始されたのが11名（37.9%）であった。現在のひらがな書きの習得水準は，「まだ書けない」「自分の名前程度（おおむね5～10文字）」「興味ある字がいくつか書ける（おおむね10～20文

表 1-2 絵本の作成人数と平均作成月齢・ページ数

	作成人数	平均月齢 (SD)	平均ページ数 (SD)
文字あり	26 [15]	76.4 (3.80)	7.18 (1.68)
文字なし	3 [0]	77.0 (5.20)	6.13 (0.35)

注：[　] は女児：内数。

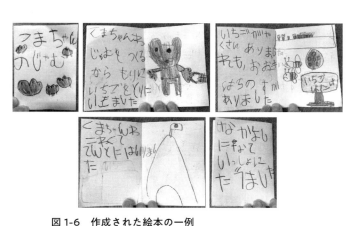

図 1-6　作成された絵本の一例
注：6歳1か月女児。全8ページの絵本を作成。語りの際に援助必要。

字）」が各1名,「清音ほぼ全て（50文字程度）」が7名,「濁音・半濁音合めほぼ全て（70文字程度）」が19名であった。

　また「子どもが文字を覚えるように何かしていることは（最もあてはまるものを1つ選択）」という，文字指導観および指導スタイルに関しては,「幼児教室等の外部の教室に通わせる」が最も多く11名（37.9%）,「興味あるとき教える」が8名（27.6%）,「通信教育教材や市販のドリル等を使う」が6名（20.7%）と続き,「文字に多く触れさせる」「何もしない」はそれぞれ3名（10.3%）, 1名（3.4%）という結果であった。内田ほか（2009）で最も多かった「興味あるとき教える」（42.4%）と異なる結果となったのは, 3〜5歳児対象であった内田ほか（2009）とは異なり, 就学直前時期の5歳児を対象としたこと, また調査を単一園で実施したことが影響したものと思われる。

43

表 1-3　文字への関心時期と文字使用

文字関心開始	文字使用	未使用
3 歳以前	6	5
4 歳台	8	2
5 歳以降	1	5

表 1-4　書きの開始時期と文字使用

書き開始	文字使用	未使用
3 歳以前	4	5
4 歳台	9	2
5 歳以降	2	5

表 1-5　書きの習得と文字使用

書き水準	文字使用	未使用
0〜20 文字	0	3
50 文字程度	3	4
70 文字程度	12	5

表 1-6　文字指導スタイルと文字使用

指導スタイル	文字使用	未使用
環境構成	2	2
興味優先	5	2
媒体使用	8	8

3)　文字使用と文字の習得状況・指導スタイルの関係

　絵本を作成した子ども 29 名のうち，絵本作成時に文字を用いて表現し，その内容を語る際に聞き手の積極的な援助を全く要しなかった 15 名を文字使用群，それ以外の 14 名を文字未使用群として，保護者が把握している文字習得状況に違いが見られるかを検討した。質問紙が回収できなかった文字未使用群 2 名を除いた 27 名について，文字使用の状況と文字への関心がめばえた時期との関係を表 1-3 に，書き開始時期との関係を表 1-4 に，書きの習得水準との関係を表 1-5 に示した。それぞれについて統計的な手続き（Fischer の正確確率検定）を経て示されたのは，いずれからも両群の差は見いだされなかったという

ものである。あわせて書きの習得水準との関係（表 1-5）からは，ひらがな清書はおおよそ相当する水準（50 文字程度）以上の文字習得の達成がただちに文字の使用へと結びつくわけではないことが読み取れる。

　続いて各家庭での文字指導のスタイルについて，「文字に多く触れさせる」「何もしない」を合わせ，直接的な指導によらないという意味で環境構成群，「興味あるとき教える」を興味優先群，「幼児教室等の外部の教室に通わせる」「通信教育教材や市販のドリル等を使う」を合わせて媒体使用群とし，同様に文字使用との関係を分析した（表 1-6）。その結果，興味優先群において文字使用群がやや多い傾向が認められたものの，全体として文字使用群と未使用群の間に明確な差は見いだせなかった。

3．文字使用までの多様な道すじ

　本節で紹介した調査では，31 名のうち 8 割超（83.9％）の子どもが自発的に文字を用いて絵本を作成し，文字のみの本を作成した子どももいた。5 歳児のみに協力を依頼し就学直前に実施したことが，前節の調査と比べ，文字表現を用いる子どもがより多く認められる結果となったものと思われる。

　これに対し，作成された絵本について語る際の文字の使用という点からは，文字習得の異なる側面が見えてくる。文字を含む絵本を作成した子どものうち，半数超のケースは文字を手がかりにしつつ，自ら語ることができた。いっぽうで聞き手の援助を経てそれが初めて可能になったり，たとえ援助があったとしても自らが書いた文字を手がかりに語ることが困難だったりするケースもまた，前節での結果と同様に一定数認められた。

　これらの文字使用水準の違いに対し，保護者向け質問紙をもとにした文字習得状況と文字指導スタイルの関係からは，両者の差異に結びつく明確な結果は見いだされなかった。限られた調査協力者数ではあるものの，質問紙の結果と関連づけた分析から示唆されたのは，文字習得初期である幼児期において，より早い時期に文字に関心をもって書き始めることや，文字そのものが数多く書けることが，ただちに文字を使って表現することや，文字を介して自らの語りや思考を再編することに結びつくわけではないことである。

文字への関心が比較的早い時期から生じながらも，援助なしに文字を媒体として語ることが難しい子どもが一定数存在する。このことは，習得された文字が情報伝達・記録といったその本来の機能を果たすまでの，発達過程における個人差の大きさを意味する。家庭における文字指導スタイルとの関係という点からは，その差につながるものを明確に見いだすことができなかった。これらの結果は，幼児期における文字習得を，量や時期，指導の有無という従来の指標以外の観点も含めつつ，多面的に評価することの必要性を示唆するものであろう。

第4節　伝え合う道具としての文字習得の分析へ

本章の目的は，幼児期における文字使用の実態を探ることで，幼児期に特有の文字の機能と，それを成り立たせている条件と背景について，既存の評価指標で捉えられる文字習得の様相と照らし合わせ，幼児期の文字習得に関する問題を整理することであった。

保育実践に埋め込む形で実施した絵本作成課題を通じて示されたのは，文字習得の初期である幼児期後半に個々の文字を書き表現することと，それを媒体として使えることの間に，一定の時間的な隔たりが存在することである。それは幼児期における文字習得の過程が，その手段的価値を自覚されることなく開始され，ある程度文字を使う経験が蓄積された後にその道具としての価値が認識されるという，内田（1989）の指摘を裏づけるものだろう。

実際に保育現場では，何らかの情報を伝える道具として文字を使うのではなく，文字を書ける嬉しさそのものを味わいつつ，紙にひたすら文字様のものを羅列する子どもたちの姿を日常的に目にする。文字を表現すること自体を目的として展開するこれらの活動は，幼児ならではの姿として理解できよう。文字の使用はこのような，それ自体が目的となる文字表現の積み重ねを土台として，徐々に可能になっていく。作成した絵本を頭の中にとどめ，それを相手と共有する記録と情報伝達の手段という文字本来の機能に沿った使用は，これらの活動を他者とのやりとりに支えられながら実際に経験する機会を介し，初めて成

り立っていくものと思われる。

　いっぽう本章で示されたのは，「絵本作成」という特定の課題場面を前にした際の4〜5歳児の文字使用の傾向にすぎない。幼児期の子どもが生活の中で文字を使いたくなる場面は，それ以上に多様であることも事実である。よって個々の幼児が具体的な経験を通し，どのように道具としての文字を使えるようになっていくかの詳細を明らかにするには，例えばNewman & Roskos（1997）で取り組まれたような，保育における自由遊び場面での読み書き活動の様相を，一定期間にわたり記録するような調査が求められよう。あわせて文字習得を多面的に描き出すという観点から考えると，絵本作成以外の活動を含め，文字表現と使用が子どもにどのように定着していくのかの分析が求められる。このことは，他者の支えによって成り立つ子どものコミュニケーション過程にいかに文字が組み込まれ，その使用が成立していくかを探ること，つまり個々の子どもの文字習得過程を，社会的側面に着目して描き出すことの必要性を意味している。

　もう一つ，絵本作成課題と保護者への質問紙を通じて明らかになったのは，幼児期における文字の使用は，文字への関心や書きそのものの開始時期，家庭における文字指導のスタイル等，一般によく着目される文字習得の諸側面を必ずしも直接的に反映したものではないことである。限られた協力者を対象とした調査ではあるが，早い時期から文字に親しむこと，より早い時期に書けるようになること，また教材などの媒体を使うなど，特定の方法で文字指導へアプローチすることが，必ずしも幼児期における道具としての文字使用を促進するわけではないことが示唆された。

　この結果をふまえたとき，保育実践や家庭における子育てにおいて，幼児期の文字習得を理解し支えるうえで，どのような点をポイントとして挙げることができるだろうか。本研究の方法と類似した絵本作成課題で，5歳児における文字表現を質的に分析している西川（2013）は，幼児期に書き言葉としての文字を習得する意味として，コミュニケーションとの関連を指摘する。そこからは文字習得が，他者の言葉をもとにその思いを理解しようとする思考段階にあるこの時期の子どもに，口頭言語を介さずに他者と伝え合う喜びをもたらすものだということが見えてくる。

つまり幼児にとっての文字習得とは，単に一人の子どもが一つ一つの文字を正確に覚える活動ではなく，他者とのやりとりに埋め込まれた形で，正確に読み書きできる前段階も含めた"文字"の機能を実感する活動だと考えることができる。このことは初期リテラシー習得を支えるにあたって，それがどのような環境のもとで成り立っているかに着目している諸研究の方向性とも重なる（Whitehurst & Lonigan, 1998）。したがって，幼児期における文字習得を評価するにあたっては，「伝え合う」ための道具という文字の機能を，実際のコミュニケーションを通じて子どもが学んでいく過程を捉える方法が求められよう。

　序章でも述べたように，幼児期の文字習得に関わる日本での議論は，幼児に文字を直接的・体系的に指導する必要があるか否か，のように論じられることが多かった。どの水準での文字習得が必要かということと同時に，それによって子どもにもたらされるものは何か，また保育施設間の差異以上に多様である家庭の実情をふまえ，公教育としての就学前教育・保育において保障したいことは何かを考えていく必要がある。このときに初めて，幼児期の文字習得をどのような環境で支えるかという観点から，初期リテラシー発達に関わる議論を幅広く進め，深めていくことが可能となるだろう。

第 2 章

保育における「文字指導」の現状と課題

 第1節　保育における文字指導の実態把握に向けて

　第1章では，子どもにとっての文字習得の価値や意味という視点から，幼児への面接調査で文字習得の実態把握を試みるとともに，保護者を対象とする質問紙調査によってその背景に関する資料を収集してきた。その結果見えてきたのは，幼児期の文字習得に関し，従来，その指標とされてきた，かな文字の識字能力と，幼児の文字使用の実態との間にある隔たりである。

　これに対し，保育実践現場で子どもと実際に向き合っている保育者は，幼児期の文字習得をいかに理解し，支えようとしているのだろうか。本章では，保育実践において幼児期の文字習得はどのように扱われてきたかという，本書における第2の問いを検討したい。文字習得を中心とする初期リテラシー発達の問題が，これまで保育実践の中で実際にどの程度意識されてきたか，日本の保育者は文字指導のあり方をどのように理解し，実践に取り組んできたかを明らかにする。

1.　指導観への着目 ── カリキュラムの分析を超えて

　序章で整理してきたように，遊びを介した子どもの心情・意欲・態度の総合的な形成に主な価値を置く日本の保育実践のカリキュラムでは，文字習得に関しそれほど注意が払われてこなかった。いっぽう Tafa（2008）によれば，ヨーロッパ10か国の保育カリキュラムには，「初期リテラシー」という形で，コミュニケーションを豊かにする保育内容の中に文字指導が位置づけられている。

49

具体的には，①読み書き活動への子どもの積極的な関わりを支える，②保育室に豊富な文字環境を供給する，③読み書きのコミュニケーション的性質を強調する，④学びの過程に遊びを用いる，の4点が，各国の保育実践のガイドラインに共通して含まれているという。とはいえこのようなカリキュラムの分析だけからは，個々の保育者が実際にどのように文字に関わる指導を行っているかは見えにくい。

これに対し，保育実践における文字指導の実態に迫ろうとする先行研究には，初期リテラシーに関わる保育者の指導観（literacy belief）に着目し，文字習得を支える指導のありようとカリキュラムとの関係を分析してきたものが存在する（McKenney & Bradley, 2016; Sverdlov, Aram, & Levin, 2014）。本章ではこれらと同様に，保育者の初期リテラシー指導観に焦点をあて，カリキュラムをはじめとする指導観の背景との関係を分析することで，保育実践における文字指導の課題に迫ることを試みる。

この初期リテラシー指導観に関して，日本において体系的に調査した研究はほとんど見られない。いっぽうで国際的には，小学校への就学準備型の保育実践（OECD, 2006）の特徴をもつ英語圏を中心に数多くの研究が展開されてきた。例えばアメリカにおける調査研究からは，保育者のリテラシー指導観が実際の指導と結びついていること，保育者主導の考えをもつ保育者によるリテラシー指導が，より高く評価されることが示されている（Justice, Mashburn, Hamre, & Pianta, 2008）。またオーストラリアでは，Mackenzie, Hemmings, & Kay（2011）が，小学校初年次の書き学習と指導に対する教師の構え，指導観に関する教育経験の影響について，質問紙と探索的因子分析を用いた調査を実施している。そこから導かれたのは，初期リテラシーに対する教師の構えと指導観には，教師としての教育経験一般ではなく，特に幼児に対する教育経験の有無と年数が影響するという結果であった。

これらの先行研究の成果を，日本の保育実践における文字指導の課題を考える手がかりとするためには，序章にて生態学的発達論の視点として触れたように，より広い文脈からの影響を重層的にふまえた考察が欠かせない。すなわち，調査によって明らかにされたリテラシー指導観自体の内容に加え，それが当該

の保育・教育実践全体においてどのような地位を占め，価値づけられているか，リテラシー指導で扱われる語を母語とする子どもや保育者・教師の割合はどの程度か等，その実践が埋め込まれている文脈を十分に考慮することが必要になる。なかでも個々の保育者が有する社会・文化的背景は，指導観と実践のありように大きく影響するだろう（Lim, 2010）。

　したがって，日本の保育実践における初期リテラシー指導観を探るためには，教育的な背景や伝統の異なる場で取り組まれた先行研究の調査尺度を，そのまま一般化して適用するのでは十分ではない。そうではなく，日本の保育実践の特徴とそれが埋め込まれている文脈を考慮した，調査尺度そのものの開発が求められる。

　例えばノルウェーの保育者の萌芽的リテラシーに関わる指導観を調べたSandvik, van Daal, & Ader（2014）は，リテラシーに関わる学びを就学前にそれほど積極的に促さない北欧諸国と，萌芽的リテラシーの技能を就学前の早期から促す傾向がある英語圏の国々の間にある教育的伝統の違いを指摘し，ノルウェーの保育実践の特徴をふまえた就学前リテラシー調査尺度（Preschool Literacy Survey: PLS）の作成を試みている。日本の保育者の文字指導観に関しても，初期リテラシーを支える保育実践が埋め込まれている社会文化的背景は，英語圏のものと対照的であろう。よって日本の保育者の初期リテラシー指導観の実態を調査するにあたってもまた，Sandvik et al.（2014）と同様に，それを捉えるための妥当な尺度の開発から開始する必要がある。

2．文字指導観を捉えるために ―― 検討すべき仮説

　そのため本章では，日本の保育実践の特徴ならびにそれが埋め込まれている文脈を考慮した，保育者の文字指導観の実態を把握する新たな心理尺度を作成し，質問紙調査を実施した結果を報告する。尺度の作成にあたり保育者および小学校教諭の協力を得て収集した，保育者の文字指導観の特徴とそれを支える要因，小学校教諭の指導観とを比較した資料に基づき，本書の第2の問いを検討したい。序章をふまえると，具体的に検討すべき仮説として以下の3点を挙げることができる。

1点目は，保育経験と文字指導観との関係である。日本の保育実践では，英語圏におけるように初期リテラシーに十分な価値づけがされているわけではない。したがって，特にまだ自らの指導の方向性を模索中であろう経験の浅い保育者ほど，日常の実践において，初期リテラシー発達に関わる指導を意識できていないことが予想される。

2点目は，保育者と小学校教諭間における指導観のギャップの問題である。就学前後の教育実践内容の段差が大きい現状は，保育者と小学校教諭の間での，対照的な特徴を有する指導観として反映されると考えられる。

3点目は，保育者の有する指導観の特徴が，施設ごとの差異によって特徴づけられる可能性である。序章で既に述べたように，文字に対する取り組みは園種によって大きな差がある。このことは施設ごとの集合的指導観（collective belief）の存在という形で表れるだろう。その結果，個々の保育者の実践の背景にある文字指導観には，同じ施設で働く保育者間で共有された指導観が影響を与えていることが予想される。

これらの仮説を検討するための調査尺度の作成と結果の分析にあたっては，日本における初期リテラシー発達の問題に，保護者の子育てスタイルという観点から焦点をあてた調査である内田ほか（2009）と Uchida & Ishida（2011）を参考にする。Uchida & Ishida（2011）は，家庭の経済状況等の経済格差要因や，育児・しつけのスタイルから初期リテラシー発達への影響について，日本を含む東アジア3か国の資料を収集し分析を行っている。そこで見いだされたのは，子どもとのやりとりやコミュニケーション，体験の共有を重視する「共有型」と，力によるしつけ等，大人中心のトップダウンの関わりを重視する「強制型」という育児・しつけスタイルであった。あわせて明らかにされたのは，幼児期の語彙発達に対し，「共有型」が正の影響を，いっぽうで「強制型」は負の影響を与えるという結果であった。

保護者と保育者の違いという限界を十分に考慮する必要があるものの，ここから示唆されるのは，幼児期のリテラシー指導や実践の質が，初期リテラシー発達に一定の影響を与える可能性である。Uchida & Ishida（2011）をふまえると，保育実践現場における文字指導にあたって，共有型のような指導スタイル

が初期リテラシー発達を促しうるかどうかも検討する必要があるだろう。

 ## 第2節　保育における文字指導観

1. 文字指導観を捉える —— 調査の方法

　調査協力を依頼したのは，保育所・幼稚園・認定こども園で働く保育者349名と，小学校教諭45名である。保育者のうち63.6%が保育所，27.8%が幼稚園，7.4%が認定こども園に所属していた。全体のうち96名の保育者と小学校教諭は，多様な所属施設からの研修会の参加者として研究協力を依頼した。それ以外の253名の保育者は，公立・民間，幼稚園・保育所のバランスを考慮して，17の施設を通じて協力を依頼した。

　研究目的をふまえ，2種類の質問紙を準備した。1つは，文字習得の指導・援助に関する考えを尋ねる，保育における文字指導観に関わるものである。項目原案の作成にあたっては，保護者を対象に日本語の初期リテラシーを扱った先行研究（内田ほか，2009; Uchida & Ishida, 2011），幼児に対するリテラシー指導観を扱った研究（Burgess, Lundgren, Lloyd, & Pianta, 2001），保育士・幼稚園教諭・小学校教諭養成課程に所属する大学生の協力を得て実施した，幼児期の文字習得・指導のイメージに関する自由記述質問紙の結果を参考にした。修正を経て，最終的に23項目にまとめられた。もう1つは，保育・教育における指導全般に関する考えを尋ねる，保育者・小学校教諭の一般的な指導観に関するものである。上述の内田ほか（2009），Uchida & Ishida（2011）の育児・しつけスタイルに関する項目を保育者・教師向けに修正し，調整を経て19項目が作成された。

　調査は2015年7月～2016年3月に実施された。いずれも回答方法は「あてはまらない」「あまりあてはまらない」「どちらともいえない」「ややあてはまる」「あてはまる」から1つを選択する，5件法によるものである。

2. 保育における文字指導観 —— 「文字」をどのように意識しているか

　保育者に対する調査結果を，清水（2016）を用いた探索的因子分析という統

計的手法によって検討した結果，保育における文字指導観は，主に次の３つの
タイプから捉えられることが示唆された。

　１つは「直接教示型」という，子どもが達成すべき文字習得の明示的な目標
に向けて，文字への興味をできるだけ促す取り組みを進めていくアプローチで
ある。「間違った文字や綴り，鏡文字等を書いた場合，その都度正しい書き方を
教えている」等をはじめ，文字指導に対し直接的かつ積極的な質問項目を多く
含んでいることから，この指導観を有する保育者は，小学校における指導と評
価のスタイルに影響を受けているものと思われる。

　もう１つは「受動型」という，保育実践を通じての文字指導を特に意識しな
いアプローチである。「文字は自然に覚えるものだから，幼稚園・保育所で特定
の指導をする必要はない」等，文字に関する取り組みそのものがそれほど積極
的に意識されていない項目がここに含まれる。

　最後の１つは，「社会・生活基盤型」という，子どものコミュニケーション
と表現の可能性を広げることを促す方向で，子どもの興味・関心に沿って初期
リテラシー発達に関わる活動を計画・実践していくアプローチである。「子ども
同士が真似をしたり，互いに憧れたりする遊びの充実が文字の獲得に大切であ
る」等。話し言葉や日常のコミュニケーションから文字指導への結びつきが意
識された項目が含まれる。

　これらのうち，直接教示型と社会・生活基盤型は，保育実践を通じて，文字
習得に保育者が意図をもって関与する指導観を抱いている点で共通している。し
かしながら，文字習得と指導を理解し，評価する方向性としては対照的である。
具体的には，文字習得の第一歩としての読み書き技能の習得に価値を置く直接
教示型に対し，社会・生活基盤型においては，文字習得に結びつく社会・文化
的文脈に子どもが積極的に参加する構えをつくることが重視されている。

　いっぽうで受動型は，子どもの興味関心には応じるものの，幼児期の文字習
得に意図的に関与し保育実践を組み立てようとはしない点にその特徴がある。こ
れは序章第２節でまとめた，幼稚園教育要領等に示されている日本の保育カリ
キュラムの基本的な方向性，すなわち文字について「関心・感覚」を豊かにす
る内容が中心であり，読み書きそのものはもちろん，表現と文字の結びつきに

第 2 章　保育における「文字指導」の現状と課題

表 2-1　保育における文字指導観の各項目（探索的因子分析の結果）

第 1 因子（F1）　直接教示型指導観 Direct instruction（omega = .840）	因子負荷量
子どもが誤った書き順で文字を書いた場合，その都度，正しい書き順を教えている	.862
間違った文字や綴り，鏡文字を書いた場合，その都度，正しい書き方を教えている	.840
幼稚園・保育所では文字を積極的に教え，できるだけ早い時期から学んだほうがよい	.543
それぞれの子どもが文字を直接扱う活動（文を書くなど）を普段から取り入れている	.486
文字教材を使って指導している	.482
文字の読み書きについて保護者から求めがあれば，それに合わせて指導したい	.456
小学校入学前までに，ひらがな 50 音を読み書きできるようにしたい	.420
第 2 因子（F2）　受動型指導観 Natural development（omega = .727）	**因子負荷量**
文字は自然に覚えるものだから，幼稚園・保育所で特定の指導をする必要はない	.859
小学校で習うので，幼稚園・保育所で文字を読み書きする必要はない	.699
普段の遊びの中で，それぞれの子どもの求めがあったときにのみ文字を教えている	.503
文字に関する活動・働きかけを特に意識していない	.465
第 3 因子（F3）　社会・生活基盤型指導観 Social interaction（omega = .678）	**因子負荷量**
子ども同士が真似をしたり，互いに憧れたりする遊びの充実が，文字の獲得に大切である	.693
子ども同士のやりとりが深まる遊びを充実させることが，文字の獲得に大切である	.675
子どもが好きなタイミングで読み書きできる環境を準備することが，文字の獲得に大切である	.602
子どもに絵本や紙芝居を読み聞かせることが，文字の獲得に大切である	.386

表 2-2　保育における文字指導観の下位尺度ごとのスコア

文字指導観（下位尺度）	*M*	*SD*
第 1 因子　直接教示型	3.18	0.80
第 2 因子　受動型	2.48	0.81
第 3 因子　社会・生活基盤型	4.16	0.57

関して必ずしも強調されていないことと重なる。

　これら 3 種類の文字指導観について，各項目を表 2-1 に，種類別のスコア平均（*M*）と標準偏差（*SD*）は表 2-2 に示す。社会・生活基盤型のスコアが最も高いことから，保育者全体としては社会・生活基盤型に近い文字指導観を重視している傾向が読み取れる。

表 2-3 保育者・小学校教諭の一般的指導観の各項目（探索的因子分析の結果）

第 1 因子 (F1')　大人主導型指導観 Adult-centred (omega=.832)	因子負荷量
子どもには自分の指示をきちんと守らせたい	.783
子どもが指示どおりにするまで，叱ることも含め子どもに明確に伝えるべきだ	.743
子どもがすべきことをきちんと終えるまでは，何回も指示するほうである	.622
子どもにはできるだけ私の考えどおりにさせたい	.604
子どもに対して決まりをきちんと示し，それを守るように促したい	.591
子どもの行儀をよくするために，何らかのペナルティを与えるのもやむをえない	.578
子どものした悪いことに対しては，何かの形で自覚させるべきだ	.502
第 2 因子 (F2')　子ども主導型指導観 Child-centred (omega=.704)	因子負荷量
子どもの中に入り，一緒に体を動かしたり遊んだりすることが好きだ	.675
子どもと一緒に話しながら食事をするのは楽しい	.584
毎日の保育・教育の中で，子どもが喜びそうなことをいつも考えている	.502
子どもに話しかけることは楽しい	.502
毎日の保育・教育の中で，子どもと楽しい時間を過ごすことは大切だ	.496
自由遊びのとき，いつも子どもと一緒に遊ぶことを心がけている	.472

3. 保育者・小学校教諭の一般的指導観

　保育者・小学校教諭の一般的指導観に対しても，保育者・小学校教諭の調査データを用いて，同様の手続きで探索的因子分析という統計手法を用いて検討した結果，以下の 2 つのタイプからその特徴が捉えられることが見えてきた。

　1 つは「子どもには自分の指示をきちんと守らせたい」等の項目に代表される，「大人主導型指導観」というべきアプローチである。もう 1 つは，「子どもの中に入り，一緒に体を動かしたり遊んだりすることが好きだ」等に代表される，「子ども主導型指導観」というべきアプローチである。これらのタイプの分類は，内田ほか（2009），Uchida & Ishida（2011）における，育児・しつけスタイルのそれとも重なる。これら 2 種類の一般的指導観について，各項目を表 2-3 に，種類別のスコア平均と標準偏差を表 2-4 に示す。

表 2-4 保育者・小学校教諭の一般的指導観の下
位尺度ごとのスコア

一般的指導観（下位尺度）	M	SD
第 1 因子　大人主導型	3.12	0.65
第 2 因子　子ども主導型	4.44	0.40

 第 3 節　保育における文字指導観を支えるものは

1．保育者の文字指導観の背景――経験・役割との関連

　はじめに保育者の文字指導観の特徴を探るために，実践者の属性をはじめとする背景要因を整理した。調査協力を依頼した保育者のうち，46.3％が公立施設の所属であった。園での保育者の役割は，クラス担任が 63.6％，園長・主任等管理職が 19.7％，その他が 16.8％であった。研究協力を依頼する保育者をクラス担任に限定しなかったのは，園長・主任等の管理職はそれまでに豊富なクラス担任経験をもっているケースがほとんどであり，日本では経験の浅い保育者がクラス担任を務めるケースが少なくないことと考えあわせ，保育経験の多様性を担保すること，また後述する，施設ごとで共有された指導観を分析することを念頭に置いたためである。その結果，研究協力を得られた保育者の経験年数は，0 〜 10 年が 43.9％，11 〜 20 年が 33.8％，21 年以上が 20.5％となった。いっぽう，小学校教諭は全員が公立小学校のクラス担任であり，経験年数 0 〜 10 年が 11.1％，11 〜 20 年が 20.0％，21 年以上が 66.7％であった。

　表 2-5 は，平均値の差の検定および分散分析による有意差分析という統計的な手続きを経て，保育者の文字指導観と背景要因との関係を検討した結果である。ここに示されているように，相対的な差に着目すると，クラス担任保育者は「受動型」の指導観を，対照的に管理職などその他の保育者は「直接教示型」もしくは「社会・生活基盤型」の指導観を抱いていることが確認された。この結果と，0 〜 10 年目保育者の「受動型」のスコアが，11 年目以上の群より高いという保育経験年数の分析をあわせて考えると，保育経験年数の比較的浅いクラス担任保育者が，「受動型」の指導観を有している傾向を推測することがで

表 2-5　保育者の文字指導観と背景要因との関係に関する有意差検定結果

	保育者の役割	経験年数
直接教示型	クラス担任＜管理職その他	－
受動型	クラス担任＞管理職その他	0-10 年目＞11 年目以上
社会・生活基盤型	クラス担任＜管理職その他	0-10 年目＜21 年目以上

きる。この結果は本章の冒頭で示した第 1 の仮説である，日本の保育実践現場において経験の浅い保育者ほど，初期リテラシー発達に関わる指導を意識することが難しいという仮説を支持するものだといえよう。

また，調査に参加したクラス担任のうち，経験 0 ～ 10 年の保育者の数は，11 年以上の経験をもつ保育者の数に比べ有意に多かった。その背景として，保育者全体における若年化の影響が考えられる。これは今回の調査協力者に限られたことではなく，学校教員統計調査（文部科学省，2021）等にも示されている，日本の保育現場における一般的傾向を反映したものとして理解できる。

リテラシーに関わる取り組みが表立って強調されない日本の保育実践においては，Sandvik et al.（2014）にあるような，リテラシーに関わる指導を意識する研修を受ける機会は保育者にはまれであろう。日本の保育実践におけるこうした文脈をふまえてこの結果を改めて考えると，実際に日々の実践を担う担任保育者は，保育経験の浅い場合であればとりわけ，文字指導のありようを自覚する機会がほとんどないことが推測される。

これに対し，保育実践を通じて初期リテラシー発達を促すことが一定程度意識されていると思われる「直接教示型」「社会・生活基盤型」については，経験豊富な保育者ほど社会・生活基盤型の指導観を抱いていることが示された。この結果は，幼児に対する教育経験がリテラシー指導観にインパクトを与えるという，Mackenzie et al.（2011）によって示唆された知見を支持し，拡張しうるものだといえる。しかしながら直接教示型の指導観については，保育経験の違いからは説明されなかった。

この結果の違いは，何に起因するのだろうか。社会・生活基盤型の視点と直接教示型の根本的な相違点は，初期リテラシー実践の計画と評価の難しさにあると考えられる。一般に遊び中心の保育という理念のもとでは，保育者の援助

のねらいや内容はより可視化されにくい。社会・生活基盤型の実践において初期リテラシー実践の明確な目標を設定し，保育者間で共有することは，直接教示型に比べて容易ではないだろう。Hall（2003）は「リテラシーの効果的な指導は，"同じものが誰にでも合う（one size fits all）"という仮定のもと，教師が保証する台本や規定のプログラムによってパッケージ化することはできない（p. 322）」と述べている。この知見に基づくならば，社会・生活基盤型の観点から初期リテラシー発達を促す実践を展開するには，そのための指導内容をアレンジできる幅広い知識の蓄積と，それを実践できる十分な保育経験を有していることが求められよう。

　いっぽうで今回の調査においては，保育者としての経験年数の具体的内容を区別しなかった。保育者の有するどのような種類の保育・教育経験が文字指導を含む初期リテラシー指導観に影響するかについては，更なる検討が求められる。その際には，指導観と，保育者のもつ子どもの言語やリテラシー発達に関わる知識の関係性（Cash, Cabell, Hamre, DeCoster, & Pianta, 2015）も考慮する必要がある。これらをふまえた，初期リテラシー発達を促す保育実践を支える保育者に何が求められるかという課題は，後の章において検討を進める。

2. 一般的指導観の背景 —— 保育者と小学校教諭の比較

　保育者および小学校教諭の一般的な指導観についても，保育における文字指導観と同様に，統計的な手法（2要因分散分析）を用いて背景要因との関係を検討した。その結果，保育者に比べ，小学校教諭は大人主導型の指導観をもつ傾向があり，対照的に保育者は，小学校教諭に比べ，経験が増すにつれて子ども主導型の指導観を抱く傾向が示された。

　ここから示唆されるのは，リテラシー指導における保育者と小学校教諭の指導方法や価値づけの違いが，実践経験を経るに伴い顕在化していくことである。小学校教諭の調査協力者が限られた人数であったことを十分に考慮する必要があるが，この結果は第2の仮説である，保育者と小学校教諭の間の指導観の差異を支持するものだといえる。

　この両者の差異は，何によってめばえたものだろうか。一つ考えられるのは，

文字に関わる教授方法と評価方法の違いを反映している可能性である。例えば日本の小学校では，保育現場とは大きく異なり，基本的には検定教科書を用いて，明示された「学習のめあて」に基づき授業実践が展開されるのが通常である。このように初期リテラシー指導観を取り巻く文脈である，それぞれの現場における学習指導の方法と，その成果を測定・評価する手段を考慮することは，両者の差異を越えて，小学校教諭が保育実践での文字指導を理解する，また逆に保育者が小学校教育実践での文字指導を理解するにあたり，一定の役割を果たすだろう。

　あわせて検討したいのは，この両者の差異が，幼児期の文字習得を促す保育実践の方向性にどのように影響する可能性があるかという点である。保育実践を通じての文字指導をそれほど意識していない「受動型」の保育者が，仮に何らかの形で初期リテラシーに関わる実践を積極的に進めることとなった場合，具体的な指導にあたっての手がかりとして，小学校での文字に関わる取り組みを想起しやすいことが予想される。このとき保育者の側に，幼児期に特有の発達特徴をふまえた文字指導のありようを検討する準備が十分にできていなければ，その保育実践の内容や方向性に，小学校での文字指導実践のスタイルからの影響が直接的に現れやすくなることが考えられる。

3. 指導観の共有 —— 施設内類似性の検討

　続いて，同じ施設で働く保育者間で，文字指導観がどの程度共有されているかを探ることを目的に，17施設から調査に参加した253名に対し，統計的な手法（級内相関の分析）を用いた検討を行った。その結果，経験年数や職種等の個人差を越えて，施設ごとの差異の関数として文字指導観のありようが説明できること，その傾向は「直接教示型」や「受動型」においてとりわけ強いことが示唆された。各変数の記述統計量は表2-6のとおりである。

　分析の結果，それぞれの施設ごとに保育者間で共有されている集合的指導観の存在が示唆されたことは，同じ施設で働く保育者集団で，初期リテラシーに関する指導観が重なり合うという第3の仮説を支持するものだといえる。これらの知見は，初期リテラシーに関する指導観を探る際に，保育者の抱く指導観

第 2 章　保育における「文字指導」の現状と課題

表 2-6　園別調査における各尺度項目の記述統計量（全体）

項目	M	SD
第 1 因子（F1）　直接教示型	3.13	0.82
第 2 因子（F2）　受動型	2.61	0.80
第 3 因子（F3）　社会・生活基盤型	4.10	0.57
第 1 因子（F1'）　大人主導型	3.02	0.65
第 2 因子（F2'）　子ども主導型	4.47	0.38

を個々に把握するだけにとどまらず，指導観のデータを施設ごとに収集し，検討することの必要性へとつながる。

　「関心・感覚を豊かにする文字指導」として典型化されているように，日本の保育カリキュラムが，いわゆるヒドゥンカリキュラムの特徴を有していることは広く知られている（Tobin, Hsueh, & Karasawa, 2009）。このことを考慮すると，日本の保育実践においては，経験の浅い保育者ほど，実践を具体的に展開するにあたり，カリキュラムの方針以上に，他の保育者のふるまいから強く影響を受ける可能性が考えられる。加えて日本の保育施設や小学校においては，実践の改善にあたり，お互いに保育・教育実践を見せ合う「研究保育・授業」という取り組みが積極的になされることが珍しくない。「レッスン・スタディ」として広く知られるこの保育・授業研究の伝統もまた，個々の保育者の文字指導観の特徴が形成されるうえで，大きな影響を与えるだろう。初期リテラシー発達を促す取り組みの質と方向性における施設間の差異を検討する際には，このような背景を考慮しておく必要があるだろう。

4.　指導観の分析から見えること

　さて，これまで見てきた 3 つの文字指導観と，2 つの一般的指導観の関連はどのように捉えたらよいだろうか。統計的な手法から確認されたのは，大人主導型と直接教示型，子ども主導型と社会・生活基盤型との間にそれぞれ正の相関が，また大人主導型と受動型との間に負の相関が存在することである。

　第 1 節で触れた Uchida & Ishida（2011）は，子ども主導型に近い「共有型」

61

のスタイルが語彙発達に正の影響を与えるいっぽう，「強制型」と名づけられた大人主導型のスタイルが負の影響を与えることを示している。しかしながらこの先行研究の成果を，保育者の文字指導と子どもの初期リテラシー発達との間にそのままあてはめて考えることが妥当かについては，十分な検討が必要だろう。同じく第1節で述べたJustice et al.（2008）は，体系的でわかりやすい教示という点で，子ども主導型よりも，大人主導型の指導観を有する保育者が，質の高いリテラシー指導の実践としてより評価される傾向があることを指摘している。これに対し，「共有型」に近いと考えられる社会・生活基盤型に基づく指導観をもつ保育者によって取り組まれる実践は，先述したように内容を体系的にアレンジしにくいこともあり，直接教示型の取り組みに比べ，何が文字指導に該当するか，一般にわかりにくさをもつと考えられるのも事実であろう。

　これらの指導観の違いと，そこからめばえる初期リテラシー発達との関係は，結局のところどのように理解すればよいのだろうか。アメリカの保育者と子どもを対象に調査したHur, Buettner, & Jeon（2015）は，子ども主導型の保育実践が，習得されたリテラシーの成果を直接説明しなかったことに加え，指導観は保育者の質を示す指標の一つにすぎないことを指摘する。ただしこの結果は，アメリカにおける初期リテラシーの評価指標を基準にして導かれた点をおさえておく必要がある。これらをふまえると，保育者の指導観の違いと，それが初期リテラシー発達に与える影響を考える際には，初期リテラシー発達として，その実践現場ではそもそもどのような内容が想定され，評価の対象となっているかを検討することが不可欠だといえよう。

第4節　保育における多様な「文字指導」を生む背景

　本章の目的は，日本の保育実践において幼児期の文字習得がどのように扱われているかを明らかにするために，「保育者は初期リテラシー発達に関する働きかけをどの程度意識し，指導に対しどのような考え方・信念をもっているか」という，保育者の文字指導観の特徴とそれを支える要因について，小学校教諭の指導観とも比較しつつ実態を検討することであった。

この目的に基づき，日本の保育実践が埋め込まれた文脈とそれに関わる先行研究から導かれたのは，以下の3つの仮説である。

①日本の保育実践現場では，経験の浅い保育者ほど，初期リテラシー発達に関わる指導を意識できていないのではないか。
②保育者と小学校教諭の間では，初期リテラシー発達に関わる指導観に隔たりが見られるのではないか。
③文字指導の内容が施設ごとに異なる実態があるいっぽう，同じ施設で働く保育者間では初期リテラシーに関する指導観が共有され，個々の保育者の実践とその背景にある指導観に影響していることが確認できるのではないか。

これらを検討するために，積極的に先行研究が取り組まれている英語圏の諸国と日本では，初期リテラシーに関わる教育的伝統や方向性が異なることから，日本の保育実践の文脈をふまえた文字指導観を調べるための尺度を開発することを試みた。「保育における文字指導観」「保育者・小学校教諭の一般的指導観」の2種類の心理尺度を作成し，調査を進めた結果，文字指導観には「直接教示型」「受動型」「社会・生活基盤型」の3つの側面があること，それに加え，担任保育者は「受動型」のスコアが高いこと，また同様に経験の浅い保育者の「受動型」のスコアは，経験年数の多い保育者に比べ高いことが明らかになった。これらの結果から示唆されたのは，実際に各園で文字指導を担う若手のクラス担任保育者ほど，初期リテラシーを支える実践のねらいや内容を積極的に意識していない可能性である。

この結果をもとに，日本の保育者の文字指導が埋め込まれている生態学的な場の問題，すなわち背景にある教育的伝統や方針，小学校との違い，それぞれの保育施設で共有されている集合的指導観の影響をあわせて考慮すると，次のような典型的な保育者像が浮かび上がる。それは，初期リテラシーに関わる実践を展開するうえで，カリキュラムを参照しても情報が十分に得られないゆえに，身近な保育者の影響を受けて自らの実践を組み立てる，保育経験の浅いクラス担任保育者の姿である。実際に日本の保育施設で展開されている，初期リ

テラシー発達へ向き合う保育実践の方針と具体的な内容は，施設ごとに幅広い。「遊びを通しての総合的な指導」というカリキュラムの理念をふまえ，「文字指導は意識せず，遊びの中で自然に」という形で初期リテラシー発達にそれほど注意を払わない園もあれば，それと対照的に，自身の名前をはじめとする文字の正確な読み書きを習得することを特に重視する園も存在する。上述した保育者の姿は，こうした初期リテラシーの取り組みに関する実践の質の差を，更に大きく生み出す要因となるだろう。

　第1章および第2章の結果からは，幼児期の文字習得の実態とかな文字の識字能力の関係，およびそれを支える保育者の文字指導観の特徴が見えてきた。序章で提起された問題背景と，これらの結果をふまえ，次章では保育実践を通じて成り立つ初期リテラシー発達について，これまで整理してきた日本の文字習得を促す保育実践を相対化しながら，その内容と方法の再考を試みることとする。

第 3 章

もう一つの「文字指導」の探求
── 初期リテラシー発達を促すイングランドの実践

第 1 節　もう一つの「文字指導」へ

　幼児期の文字習得は，従来その指標とされてきた，かな文字の識字能力以外にも，さまざまな側面から捉えることができる。第 2 章では，それを支える保育者が文字習得をどのように意識し，実践に取り組んできたかを検討した。その結果明らかになったのは，実際に指導・援助を担う担任保育者が，初期リテラシー発達を支える実践のねらいや内容を積極的に意識しない傾向があること，それは就学前施設間に，文字習得に関する対照的な質と内容を備えた実践が混在する現状に反映されていると考えられることである。

　本章ではこれらの結果を受け，幼児期の文字習得を促すにあたり，従来，主になされてきたもののほかに，どのような方向性と内容をもつ実践が成り立つかという，本書における第 3 の問いを検討する。そのためにここでは，狭義の文字習得を越えて初期リテラシー発達を促す取り組みにはどのようなものがあるか，その背景にある理念と，それを支える条件や制度とは何かを調査した結果を示す。

1．「文字指導」から初期リテラシーへ ── イングランドへの着目

　これまで，多くの既存の幼児向け教材や学童期初期の教育実践の中で文字習得としてイメージされ，価値づけられてきたのは，「文字を誤りなく読み，正しい筆順と字形で書く」という正確な文字知識の習得を目指す取り組みだろう。「文字の読み書きを丁寧に，子どもの興味・関心に沿って楽しく教える」という，

文字知識の教授に関して一般的にイメージされやすいこのような方向性に加え，幼児の初期リテラシー発達を促す保育実践は，どのようなアプローチをとりうるだろうか。

　序章で整理した初期リテラシーの2つの側面から，次の点を特に考えたい。それは，文字を用いた伝え合いをいかに支えるかという，文字習得の社会的側面に着目した試みである。その検討にあたり，文字習得を促す保育実践がどのように捉えられ，いかなる内容で取り組まれているかを，日本の既存の実践との国際比較という形で探ることは意味があるだろう。

　本章では，保育におけるリテラシーの価値づけと取り組みに関し，日本とは対照的な背景をもち，初期リテラシーの課題に積極的に取り組む国・地域の代表として，イングランド（イギリス）の保育・教育実践に着目し，文字習得に関わる取り組みの実態と，それを可能にする条件・制度の把握を試みる。それにあたり，「幼児期と学童期以降の生活や学びとの連続性」という序章第3節で提起した視点をふまえ，就学前および初等教育を担う施設であるプライマリースクール（primary school）2校の協力を得て調査を進める。具体的には，両校での6か月間の定期的な観察調査と，実践者へのインタビュー調査の結果に基づき，①幼児期の初期リテラシー発達を促す活動の実態，②その背景にある理念，③それらの活動を可能にする条件や制度と課題，の3点を示す。それらと日本の保育実践との比較検討を行うことで，初期リテラシー発達を支える取り組みの新たな可能性と方向性を考察したい。

　さて，本章においては，一般になじみのある「イギリス」ではなく「イングランド」を用いる。その理由は，イギリスがイングランドを含む4つの国からなる連邦であり，教育制度が国ごとに異なることによる。ナショナルカリキュラムはそれぞれの国ごとに設定されており，例えば小学校への就学年齢は，同じイギリス連邦に属する国であっても，イングランドとスコットランドでは同じではない。このような前提をふまえ，調査協力校における初期リテラシー実践の背景を理解するうえで必要となる，イングランドの保育・教育制度の特徴について，特に日本との相違点を中心に，はじめに概要を整理する。

表 3-1　イングランド−日本　学年・カリキュラム対応表

日本		イングランド				
学年	年齢	学年	カリキュラム	学校種		アセスメント
乳児クラス	2-3	(Nursery)	EYFS			
3歳児クラス	3-4			Nursery		
4歳児クラス	4-5	Reception				＊
5歳児クラス	5-6	Year 1	KS1		Infant school	
小学1年	6-7	Year 2		Primary school		SAT
小学2年	7-8	Year 3	KS2			
小学3年	8-9	Year 4			Junior school	
小学4年	9-10	Year 5				
小学5年	10-11	Year 6				SAT
小学6年	11-12	Year 7	KS3		Independent school	
中学1年	12-13	Year 8		Secondary school (State school/ Grammar school)		
中学2年	13-14	Year 9				
中学3年	14-15	Year 10	KS4			
高校1年	15-16	Year 11				GCSE
高校2年	16-17	Year 12		Sixth form	College	
高校3年	17-18	Year 13				

2．イングランドの保育・教育制度

1）学校種とカリキュラム

　表3-1は，本章において中心的に言及する年齢期である就学前から小学校期を中心とする，イングランドの学年，学校種，カリキュラムおよびアセスメントと，日本の学年との対応関係を整理した表である。網かけ部分は主たる観察協力クラスに関わる情報を示している。アセスメントにおける＊印は，調査時点である2018〜2019年には実施されていなかったが，現在は実施されているものを指す。

　イギリスそしてイングランドは，国家によって制定された教育制度の歴史をはるかに超え，長きにわたって学校教育が行われてきた。このことは多様な学校種や，なかには1,000年を超えて現在も運営され続けている学校の存在から垣間見ることができよう。そこでは，日本において小学校・中学校・高校の学年を「6・3・3」と表すことに象徴されるような，全国でほぼ共通する制度的

基準で子どもの就学の道すじを一律に描くことは容易ではない。

　今回，主として協力を依頼したレセプション（Reception）および1年生（Year 1）は，公立校ではプライマリースクール，もしくはインファントスクール（infant school）に設けられているのが一般的である。レセプションクラス自体は義務教育ではないが，1年生以降と同様に教育費が無償であり，5歳の誕生日からは義務教育の対象となるため，レセプションクラスを経て1年生に所属する子どもがほとんどである。新学期は9月に開始されるため，9月時点のレセプションクラスには，日本でいえば4〜8月生まれの3歳クラス児と，9〜3月生まれの4歳クラス児が所属することになる。同様に1年生クラスには，日本の4〜8月生まれの4歳クラス児と，9〜3月生まれの5歳クラス児が所属する。したがって，日本に比べ半年ないし1年半，就学時期が早いことになる。

　レセプションクラスを取り巻く文脈としてふまえておきたいのは，カリキュラム上での位置づけと，具体的に実践が展開される場との関係のねじれの問題である。レセプションクラスは，制度上は遊び中心の保育内容に価値を置いた就学前教育カリキュラム（Early Years Foundation Stage：表3-1におけるEYFS）に位置づいている。しかしながら実際の教育内容は，小学校低学年カリキュラム（Key Stage 1：表3-1におけるKS1）に強く影響を受けて展開されることが一般的である。例えば初期リテラシーに関する主な内容は，日本の保育実践において一般的な「遊びを通しての総合的な指導」を介してではなく，「英語（English）」をはじめとする教科別の授業として扱われる。レセプションクラスにおいても，1年生以降のそれよりはややゆるやかな形態ではあるが，「英語」「算数（maths）」をはじめとする教科ごとに授業実践が展開され，基準に則った評価と計画をもとに，次の実践が組み立てられていく。このことは，レセプションクラスが基本的にプライマリースクール，もしくはインファントスクール内に設置され，多くの場合1年生以降の学年と教室が隣り合っていること，当然のことながら職員室（staff room）も他学年のスタッフと同じであることで，教師間の交流や研修も同じ学校の職員集団として日常的に行われるのが一般的であること等が関係していると思われる。

　したがって序章でも取り上げた，就学前から小学校教育への移行とそれに伴

う保育・教育内容の段差の問題は，日本におけるものとかなり異なる背景があることに留意したい。観察協力校の一つであるS校教頭も，筆者によるインフォーマルインタビューの中で，カリキュラム上における移行期に該当するレセプションから1年生へよりも，施設の異なる保育園（nursery：レセプションへの入学前に通う施設）からレセプションへの段階のほうが，実際には移行に伴うさまざまな課題が生じやすいと述べている。

2）保育・教育内容と評価制度

初期リテラシー発達に関わる実践を探るうえで，イングランドの保育・教育内容を特徴づける点をもう一つおさえておきたい。それは，日本の小学校教育の実践と比べたとき，内容をアレンジし，保育・教育実践を進める際の実践者や学校の裁量の大きさと，その結果として多様になりがちな内容の共通性・統一性を担保するために，全国共通アセスメントと学校評価の公開に力を入れている点である。

各教科の実践を展開するうえで，レセプションおよび1年生に共通して柱となるのは，各学校の保育・教育目標（school value）である。イングランドでは，日本の小学校教育の実践のように，全国共通で使用されることを前提とする検定教科書や，各教科に要する時間数や扱うべき内容も含め詳細に定められた系統的カリキュラムは設定されていない。教育内容を検討するうえで手がかりになるのは，これまでの各校での教育実践の積み重ねに加え，各学校で特色を生かして独自に設定された指針となる目標である。保育・教育目標とは，例えば「創造性・自立・尊重（Creativity, Independence, Respect）」のような，各教科におけるねらいを超えた先にある抽象度の高い価値である。それは一般に学校のウェブページ等で公開されているのに加え，その学校内の，生徒や教職員の誰もが目につくところに掲示されていることも多い。また，学年や全校集会でその内容が扱われたり，それぞれの目標に沿った個々の子どもの姿が詳述される欄が年度末の通知表に存在することもある。教育内容を実践者がアレンジし，子どもの姿を把握する際に，保育・教育目標を自然と意識するようになる環境や構造が各校で工夫され，機能しているといえよう。

具体的な教育内容としては，これらの教育目標を指針としながら，年間 6 期ある学期ごとに教科横断的な学習テーマが設定され，各教科が相互関連をもって展開される，いわゆるプロジェクト学習が数多く取り組まれている。例えばある小学校の学期のテーマとして設定されたのは，イギリス史において欠かせない内容である「バイキング」であった。これについて小学校 4 年生の場合は，社会（歴史）でそれが取り上げられるだけではなく，英語ではバイキングに関する作文が，理科では海賊であるバイキングが乗ってきたとされる船と絡めて，浮力の法則に関する学習が行われ，図画工作（art）ではバイキングの住んだ家の製作を行う……といった具合で内容がアレンジされていた。これらの学習テーマは，多くの学校で取り上げられる一般的な内容もあれば，その学校や地域の教育実践に特有のものも存在する。

　この学校ごとに多様な教育内容の共通性を担保するために，全国共通のアセスメントと，全ての学校を対象に定期的に実施される教育水準局（Office for Standards in Education, Children's Services and Skills: Ofsted）による学校監査（Ofsted inspection）が設定されている。小学校においては，2 年生および 6 年生において，アセスメントテスト（Standard/Statutory Assessment Tests：表 3-1 における SAT）が実施される。表 3-1 に示したように，2 年生と 6 年生は，小学校教育カリキュラムの前半／後半に該当する Key Stage 1 ／ Key Stage 2 の最終学年であり，アセスメントテストは到達度を確認する意味合いがある。アセスメントテストの結果は学校評価の一部として，学校監査の詳細や教育目標とともに教育水準局のウェブサイトに公開され，各学校の総合評価（outstanding：極めて優れている／good：優れている／requires improvement：要改善／inadequate：不適切の 4 段階）とあわせ，誰でも自由に閲覧できるようになっている。

　イングランドの公立校は，日本のような学区制ではなく学校選択制であるため，ウェブサイトに公開された学校評価の情報は，多くの保護者によって子どもの学校を選ぶ際の指標として重視されている。その結果，特に 1 年生以降においては，教育実践を展開するうえで，教師はアセスメントの内容を一定程度意識せざるをえない状況に置かれているといえる。就学前教育カリキュラムに

おいては，調査時である 2018 ～ 2019 年にはアセスメントが設定されていなかったものの，2021 年から Reception baseline assessment と名づけられた，教師が子どものリテラシー発達等をチェックするタイプのアセスメントが開始されている（表 3-1 内の＊印）。

 第 2 節　イングランドの保育・教育実践から

1．イングランドの保育・教育実践を捉える

　この節は，イギリス・イングランド南部同州内の異なる市にある，2 校のプライマリースクールにおける継続的な調査結果を報告する。特に文字習得の開始期における授業を中心とする活動の実態と，その土台となる子どもと保育者・教師とのコミュニケーション様式の特徴を示す。

　イギリス（イングランド）は英語圏ということもあり，保育・教育実践の具体的な様相を記述したものとして，既に多くの優れた文献が出版されている。なかでも特に日本の実践との比較の視点から論じられているものとしては，日本の保育研究者の短期訪問調査に基づく記録（例えば，塩崎，2008; 髙野・堀井，2013）や，一定期間にわたる保育・教育実践の変容過程を現地の教育ジャーナリストや研究者・実践者が書籍化したものを，日本の研究者が翻訳・解説した文献等（例えば，Wallace, 2005; Swann, Peacock, Hart, & Drummond, 2012）を，代表的な資料として挙げることができる。

　これに対し，日本の幼児期の文字習得を支える保育実践を，初期リテラシー発達という視点から相対化するという本章のねらいを考えると，保育・教育実践ならびにそれを支える実践者のふるまいや，それらの実践を成立させている条件・制度等に焦点化した，文化的外部者（エスノグラファー）の視点からの，一定期間にわたる記録を用いることが効果的であろう。このことをふまえ，本章では，文化的外部者である筆者がフィールドに滞在し，そこで文化的内部者と生活を共にし，話を聞くという一連の過程を通して，その場所で過ごしている人々特有の社会・集団・生活様式，ふるまい，思考を記録する方法である，エスノグラフィック・フィールドワークの手法（林，2019）を用いた調査結果を

報告したい。以下に協力校の概要と，調査手続きについてまとめる。

1) 調査協力校とクラスの概要

　調査協力を依頼したプライマリースクールP校・S校において主に観察を実施したのは，レセプションクラスと1年生クラスである。観察時には，レセプションクラスには日本の3〜4歳児クラスに相当する年齢の子どもが，1年生クラスには日本の4〜5歳児クラスにあたる年齢の子どもが所属していた。

　イングランドのプライマリースクールは多くの場合「小学校」と訳されるが，第1節で述べたように，就学前教育カリキュラム（EYFS）に基づき運営されるレセプションクラスと，小学校低学年カリキュラム（KS1）に則って運営される1年生クラスが併設されている。本書ではこれまで，日本での一般的な記述に従い，就学前教育における実践を「保育実践」，またそれを担う実践者を「保育者」と記述してきたが，この章においてはイングランドの実情をふまえ，基本的にレセプション・1年生のクラス双方の保育・教育実践を「授業」，保育者を含む実践者を「教師」として記述する。

<u>P校——多様な背景の子どもを抱える公設民営の小学校</u>

　P校は人口5万人強の地方都市Q市にある，定員285名のアカデミー（Academy）と呼ばれる公設民営の小学校である。もともと公立であった学校がアカデミーとして運営される例は珍しくなく，実質的に公立学校と同様の運営がなされている。公式ウェブサイトで公開されているイギリス連邦政府および観察協力校が所在する州の統計データによれば，Q市における調査時2018〜2019年における絶対的低所得（absolute low income）家庭で過ごす子どもの割合は14.2％と，連邦平均の15.3％をやや下回る。

　P校の所在地はQ市の中の貧困度の高い地区であり，指標の一つとなる無償給食対象児の割合（過去6年平均）は50.8％と，イングランドの平均値である23％を大幅に上回る数値である。また，歴史的に移民が多い地区でもあり，校長によれば子どもの母語は20種類を超えるなど，人種・民族・宗教面で多様な背景をもつ学校である。第一言語が英語ではない子どもの割合は，教育水準局のデータによれば28.1％と，イングランド平均の21.2％を上回っており，観

察に入ったレセプションクラスでは8名（36.3%）の子どもが英語以外の第一言語を有していた。それ以外に，家庭内でバイリンガル環境にある子どもも数名いた。教育水準局による学校監査は，2018年5月より公設民営の新しい体制としてスタートしたため未実施である。

　P校のレセプションクラスは全22名の1クラスであり，観察期間中に転校による1〜2名の入れ替わりがあった。担当教師は担任1名，補助教員1〜2名であった。1年生クラスは2クラスあり，主に観察を行ったクラスは，21名の生徒を担任・補助教員各1名で担当していた。

S校——リテラシー教育に積極的に取り組む公立小学校

　もう1つの協力校であるS校は，人口5万人弱の地方都市R市にある，定員424名の公立小学校（community school）である。イギリス連邦政府および州の統計データによれば，R市における調査時2018〜2019年における絶対的低所得家庭で過ごす子どもの割合は17.3%と，連邦平均の15.3%を上回る。貧困度についてはやや厳しい状況に置かれている市だといえる。

　S校の所在地はR市の中の比較的恵まれた地区にあり，指標の一つとなる無償給食対象児の割合（過去6年平均）は12%と，イングランドの平均値である23%を下回る数値である。人種・民族・宗教面で多様な背景をもつ子どもが存在する点はP校と同様であるが，P校と比べるといわゆる白人系の生徒の割合が高い。第一言語が英語ではない子どもの割合は4.5%と，イングランド平均の21.2%をかなり下回っており，例えば主に観察に入ったレセプションのBクラスでは，英語以外の第一言語を有する子どもは30名中2名，またその中には含まれないが，家庭で英語以外の言語を話している子どもは1名であった。教育水準局による学校監査は2007年に実施され，4段階のうち最上位（outstanding）の評価である。

　S校のレセプションクラスは各30名の2クラスであり，担当教師は1クラスあたり担任1名，補助教員1名であった。2クラスを合同して，子どもの進度に応じて4グループに分けて進められる授業も多く見られた。1年生クラスは2クラスあり，29名のクラスと32名のクラスがあった。担当教師は1クラスあたり担任1名，補助教員1〜2名であった。

2) フィールドワークの手順

フィールドワークは，P校およびS校において2018年10月から2019年3月まで実施された。P校では1回あたり3時間から3時間半程度の観察をおおむね週2回（延べ36日間）実施し，8:30〜12:00頃の午前中を原則に，その日の時間割に合わせ午後に訪問する日もあった。S校では，1回あたり休憩を含め5時間程度をおおむね週1回（延べ21日間），基本的に9:00〜14:00の間で実施した。

観察場面は，①レセプションクラスと1年生クラスにおける英語・算数，②レセプションクラスにて実施されていたindependent learning（P校）／busy time（S校）と名づけられている，遊びや学習等の活動を子どもが選択する時間，③P校レセプションクラスと1年生で実施されていた森の学校（forest school）の時間，が中心であった。これらの場面を軸に，その他の授業時間，授業間の休み時間や学年集会，行事等も含め，可能な限り多くの場面を子どもや教職員と共に過ごし，日常的な視点から初期リテラシーに関わる活動の実態と，その背景にある子どもの生活と学校環境や制度等を記述することを試みた。また，レセプションクラスと1年生クラスの給食時間帯等を利用し，P校では2年生と5年生，またS校では2年生から6年生のクラスの授業を観察する機会を得た。休憩時間等の時間外の活動や避難訓練，クリスマス会等の行事には可能な限り積極的に参加し，生徒や教職員との日常会話を通じて総合的な情報収集を行った。

2. イングランドの保育・教育実践で取り組まれていたこと

1) 初期リテラシー発達を促す活動の様相

取り組みの概要

初期リテラシー発達に関わる実践の中心となる英語の授業は，いずれの観察クラスにおいても原則的に毎日実施されていた。1年生クラスにおいては，両校とも各日1時間程度の英語の授業があり，音声法（phonics）という，基本的な綴りと発音の関係についての学習と，語彙や基本的な文法と組み合わせての書きや作文の学習が展開されるのが通常の内容である。

ただし「授業」といっても，日本の小学校における典型的な実践のように，授業時間内は自席に正しい姿勢で着席し続けて学ぶスタイルとは，いずれのクラスも大きく異なっていた。各自の席に座り学習を進める時間と，席を離れ集まって床に座って教師の説明を聞いたり話し合ったりする，電子黒板に提示された動画や写真，ウェブ上のゲーム的な教材を共有しつつ学ぶなど，10 ～ 20 分程度の活動の組み合わせで全体が構成され，長時間にわたる授業でも子どもが飽きずに楽しく取り組む工夫がなされていた。

レセプションクラスにおいても，英語の授業の中で音声法や書き学習を扱うという，内容に関する基本的な枠組みは 1 年生と同じであった。いっぽうで初期リテラシーを促す活動全体のありようは，この時期の子どもの実態をふまえたものにアレンジされているとともに，それぞれの学校ごとに特徴ある内容で展開されていた。

各校の事例から

P 校の英語授業は，冒頭に書き学習に関するその日のテーマをクラス全体で共有した後，それぞれの子どもが書き活動に取り組むのを教師が個々に支援する，という流れであった。多くの場合，英語の授業後には「個別学習（independent learning）」と名づけられた，自由遊びと子ども主導の学習を保障する時間が設けられていた。この「個別学習」でも，子どもたちの書き活動を積極的に促す環境が数多く設定されていた。図 3-1 の写真は，ごっこ遊びの環境として常設されていた，筆記用具が置かれたテーブルと，子どもが書いたものを貼りつけるボードの例である。

時間中の活動の選択は子どもの自由であるため，必ずしも全員の子どもが書き活動に従事するわけではないものの，個別学習の間，教師は個々の子どもに声をかけ，書き課題を確認・記録したり，書きの個別指導の形で子どもに関わったりするのが基本的な姿であった。また英語の授業以外でも，Writing diary と名づけられたクラス交換日記や，Special book という個人別のノートが使われる等，子どもが実際に書いて表現し，伝える機会を，学校での生活環境の中にさまざまな形で埋め込む工夫が随所に見られた。Writing diary は，家庭での様子を写真や文で書いてクラス内で交換するもので，子どもが書いても，保護者

図 3-1　P校レセプションクラス内の環境例
注：筆者撮影（2019年2月）。

が書いてもよいことになっている。Special bookは，学校での活動について絵や文を書いたり貼りつけたりして，学びの履歴を可視化しポートフォリオ的に活用する，スケッチブック大のノートである。

　S校の場合は，同校の1年生と同様に英語の授業時間が確保され，音声法と書きの双方に関し，体系的に取り組みが行われていた。英語は特に力を入れられている科目であり，"Talk for writing"という話し言葉とリテラシーの関連が意識された教育法に基づき，読む前に必要な言葉を口頭で話したり模倣したりして分析する，次にその言葉を使って自分なりのバージョンを発展させ書く，という一連の手続きに沿った指導が，レセプションから6年生まで一貫して展開されていた。

　レセプションクラスにおける通常の指導は，2クラスの子どもたちが合同クラスとなり，担任2名・補助教員2名の計4名がそれぞれの習熟度別で4つに分けられたグループを担当し，音声法や書きの授業が進められるというスタイルであった。書きの学習は，前節で述べたような，学期ごとの教科横断的なプロジェクトテーマに沿って展開される作文の授業が軸となっていた。

　P校と同様に，S校の教室内にもテーマに沿った遊びややりとりを促す環境が

図 3-2　S校レセプションクラス内の環境例
注：筆者撮影（2019 年 1 月）。

設定されていた。子どもたちは，おおむね午後に設定されることが多い busy time と名づけられている時間にそこで遊ぶことができる。例えば図 3-2 はテーマ "Superheroes" に合わせた環境例であり，ごっこ遊びのための衣装とともに，書き活動を促すさまざまな用紙（右手前）や，子どもが書いた作文等を掲示するためのスペース（左上）を確認することができる。

英語の時間以外でも，教材等の教室内外の環境を通じて，書き活動を促す機会が多様に設けられているのはP校と同様であった。また，S校においても，P校の Special book と類似した，Learning journey という個人別のノートの取り組みが実践されていた。これは主にその日の学習課題と，作文や絵をはじめとする授業時の活動の成果を貼りつけたり書き込んだりするノートである。教師が撮影した子どもの写真や簡単なフィードバックも掲載されており，学習の履歴を記録し，可視化するポートフォリオの役割を果たしている。

指導における両校の共通点

授業時の指導に関し，特に日本における文字指導との比較という点で両校にて目についたのは，書き指導において，語の綴りや字形の誤りがそれほど熱心には訂正されない点であった。書き指導の開始時に最も強調されるのは，文字

の字形の正確さや筆順等ではなく，「語頭に大文字を，文末に句点を使うこと（Capital letters and full stops）」の 2 点である。このことは，仮に字形や綴りが不完全であっても，学び始めから文で表現することが意識され，価値づけられていることの象徴と捉えることができる。

文字と接する取り組みは，両校ともにレセプションクラスの当初から積極的に実践されていた。あわせて文字表現が話し言葉と結びつけられ，子どもが感じたり考えたりした内容を伝える手段としての文字を意識できるよう指導すること，文字を使って伝え合うための取り組みが，英語の授業に限らず学校内外の多様な活動を通じて奨励されていることもまた，両校の共通点として挙げられる。

2) 子どもと教師のコミュニケーションの特徴

序章において，初期リテラシーとは文字習得の認知的側面と社会的側面の双方を含む概念であることを述べた。このことをふまえ，子ども－教師のコミュニケーションのありようが初期リテラシー発達をどのように促しているかという社会的側面に基づく視点から，フィールドワークで得た資料を振り返ってみたい。

英語授業をはじめとする両校での実践全体を通じて見いだされた特徴として挙げられるのは，以下の 3 点である。

<u>積極的に言葉で表現しようとする構えを評価する</u>

1 点目は，自らの意見や考えを躊躇なく表現する姿が両校の生活全体を通じて頻繁に観察されたことである。英語の授業はもちろん，その他の授業や学年集会等の場面で，ほとんどの子どもが教師に促されることなく積極的に挙手し，発言する姿が繰り返し確認された。その際に教師は，言葉やトークン（シール）等を使って，子どもが発言しようとする構えを後押しする姿を終始見せていた。学年の違いを越えて，両観察校において共通していたのは，発言が正解か不正解か，発言内容が適切かどうか以上に，自分の思いを表現する構え自体が重視され，支えられていた点である。

以下，観察時の典型的なエピソードを示す。エピソード 3-1 からは，他児の

第 3 章　もう一つの「文字指導」の探求

動向を気にすることなく，教師に向けて自らの意思を表していく子どもの姿を
読み取ることができる。エピソード 3-2 は，思いを表せなくても積極的に手を
挙げる子どもに対し発言の機会を与える大人と，発言の機会を与えられたもの
のそれがうまくできない子どもの様子を必要以上に気にとめず，じっと待つ他
児の姿である。またエピソード 3-3 からは，まずはコミュニケーションの手順
を踏んで自分の意見を表そうとする構えを，発言内容の適切さ以上に評価する
大人の姿を読み取ることができる。

> エピソード 3-1

　S校 1 年生　2018 年 11 月 13 日
　午後のクラスの集まり（Afternoon meeting）で教師が子どもたちに尋ね
たのは，クリスマス会の劇の配役についてであった。教師が一人ずつに尋ね
ると，「したい」「私は○○をしたい」「絶対に出たい／出たくない！（Definitely
Yes/No!）」「イヤだ（Never）！」等，どの子どもも「えー」等と口ごもる様
子なく，また他児の答えや教師の反応を意識することなく，明確にそれぞれ
の意思を口にする。

> エピソード 3-2

　P校レセプション　2018 年 12 月 10 日
　クラスで集まっての朝の会。教師は後の英語の授業内容と関連する絵本
『*Snow bear*』を読み聞かせる前に，表紙を見せて子どもたちにコメントを求
めた。挙手したS児は，指名されたものの何も言えなかった。その後読書中
にも，S児を含めおよそ 10 名ほどの子どもがコメントをしたくて手を挙げ
る。再び指名されたS児は，先ほどと同様に何も言うことができなかったが，
教師はじっと待っていた。S児が話そうとして沈黙が続いている間，話せな
いS児に注目し，せかすように振り返る他児は見られず，どの子どももS児
をじっと待っていた。
　その後の個別学習の時間，S児は先ほど発言できなかったことは忘れたか

79

のように，クリスマスカードを書いて交換する遊びを他児と楽しんでいた。

エピソード 3-3

S校1年生と2年生　2019年3月5日

　この日は「パンケーキデイ（Pancake day）」と名づけられた日であり，1～2年生合同の学年集会で，2年生の担任教師がその由来を説明した。特に教師から子どもの発言を促す声かけはなかったにもかかわらず，教師が説明している間，何人もの子どもが発言をしたくて自ら挙手する（図3-3）。説明後，長い間挙手し続けていた1年生男児が発言の許可を得た。発言内容は「（説明の中に出てきた）その日は，僕の誕生日と同じです！」。聞いている側は思わず戸惑うような，特にパンケーキデイそのものの説明や他児の発言と関連しない内容だったが，教師はそれを大げさと思えるほどに褒め，発言した子どもに与えるごほうびシールを当該児のシャツに貼りつけた。

図3-3　S校1・2年生合同集会——自ら発言を求める
注：筆者撮影（2019年3月）。

第 3 章　もう一つの「文字指導」の探求

積極的な構えはその後も継続する

　2 点目の特徴は，これらのエピソードのように自らの意見や考えを躊躇なく表現しようとする構えが，そのままの形で高学年に引き継がれていたことである。

　筆者が繰り返し訪問した 2 年生から 6 年生のクラスでは，レセプションや 1 年生クラスでの子どもの姿と同様に，授業時に自分の意見を積極的かつ流暢に表現する様子がいずれの授業でも日常的に見られた。そのような姿は，言語的な背景や学力水準，地域性が異なっている P 校・S 校の双方で同じように確認することができた。これは日本の多くの学校において，積極的授業参加行動が 3 年生頃をピークに減少する（布施・小平・安藤，2006）と指摘されている事実と対照的である。加えて学外者かつ外国人の大人という，生徒にとって日常的になじみのない背景をもつ筆者のような訪問者に突然教室で出会っても，作文で自分が書こうとしている考えやその他の授業内容について，訪問者に対し，もの怖じしたりためらったりすることなく，ほとんどの子どもが内容を的確に説明することができていた。

「騒がしさ」には厳格，「姿勢」には寛容

　3 点目の特徴は，そのような子どもの表現やコミュニケーションを支える教師の態度である。それは子どもに対する直接的かつ厳格な指示が目立ついっぽう，指導において教師が価値を置くポイントや，それを支える基準の運用については，日本の教室での教師の典型的な姿と比べて，ある意味で寛容に見える姿として描くことができる。

　厳格かつ直接的な指示が目立ったのは，特に教室内での騒がしさや，発言の順序に関することである。具体的には，日本の保育実践では「自由遊び」と呼ばれる活動に該当する independent learning や busy time などの時間帯であっても，教師は子どもたちの一定以上の騒がしさを許容しない様子が観察された。それが仮に自由に遊ぶ中で子ども間のやりとりが盛り上がった結果の騒がしさだったとしても，教師は全体への注意を与え，子どもたちを静かにさせる様子が頻繁に見られた。また授業時や集会時においては，子ども自身の好きなタイミングではなく，発言にあたって挙手するという手順を踏んで自分の意見を表すことが重視され，不規則な発言や会話への割り込みを基本的には認めないという

81

指示が，子どもに対し明確になされていた。

　そのいっぽう，例えば1年生でのアセスメントテストの実施において，答えがわからない子どもに対して教師がヒントを出しながら働きかける等，特に授業時の学習規律という点に関して，日本の典型的な小学校の教室を基準として教師の構えを想像すると，教師間の個人差を捨象しても，イングランドのそれは日本と比べかなり「ゆるい」ように感じられた場面が多々見られた。

　なかでも特にその差が際立っていたのは，子どもの姿勢をはじめとする，授業時における身体を統制する働きかけについてである。就学前施設や小学校を問わず日本の教室で繰り返し強調される，授業時や他者の話を聞く際の「一律で正しい姿勢」の指導に代表される身体面への統制は，イングランドの実践においてはそれほど重視されていなかった。このことは，「身体」をキーワードに日本とニュージーランドの幼児教育の相違点を分析したBurke & Duncan (2015)の指摘と一致する。文字指導に直接関わる場面に関していえば，「正しい姿勢で着座し，定められた鉛筆の持ち方と筆順できれいに書く」という，日本で典型的に見られる指導のありようとは価値の置きどころが大きく異なる様子が，各クラスでの授業を通じて繰り返し見られた。

　図3-4は，S校レセプションクラスの英語の授業で撮影したものである。レセプションクラスではとりわけ，授業の内容や進め方は1年生に比べよりゆるやかであり，このように時に寝転がって床で書く等の自由な姿勢で学習する子どもの姿は，両校を通じて繰り返し観察された。

3)　「対話」への一歩を育むための，話そうとする構えの尊重

　両校の観察結果からは，子どもと教師のコミュニケーション様式の特徴として，子どもが積極的に自分の思いや考えを表現しようとする構えが，実践全体を通じて尊重されている点を読み取れる。加えてそれは，単に話し手・伝え手として個々の子どもの表現力を育むことにとどまらず，生活の中のさまざまな場面で，相手が話そうとしたり，伝えようとしたりする姿を聞き手・受け手として尊重する姿と合わせ，両者をセットで育もうとしている点に特徴がある。このことは，子どもの思いや考えの表現を対話の観点から捉えるという点で，初

第 3 章　もう一つの「文字指導」の探求

図 3-4　S校レセプションクラスの英語授業にて
注：筆者撮影（2019 年 1 月）。

期リテラシー発達の社会的側面を重視する指導として理解できよう。

　その一例として，教室において観察者である私が教師と話している際に横から子どもが話しかけてくる場面での対応が挙げられる。教師たちはそのような場面で一貫して，「今，この人（筆者）と話しているから待っていてね」のように，割り込んで話しかけてくる子どもを制止する対応を示した。このふるまいは，日本における同様の場面で子どもに話しかけられた際，筆者も含め多くが大人同士の会話を中断し，子どもに対応する姿が少なくない様子と対照的であろう。

　既に触れてきたように，授業内や集会等の全体活動で発言したいことがあるとき，子どもは好きなタイミングではなく，基本的に挙手して指名された後に話すことを求められていた。日々の学校生活を通じ，コミュニケーションに関する習慣を子どもたちが身につけていくことを考えると，これらの働きかけは，いっけん発言の場や流れを教師が強く統制している姿のようにも読み取れる。しかしながら初期リテラシー発達を支える対話という視点からこの働きかけを考えると，子どもであれ大人であれ，自分とは異なる相手の「話そうとする」姿を尊重することで，対話を介し相手の発信を聴き取ろうとする構えの重要性を

83

子どもに伝えるという，異なった機能を見いだすことができるだろう。

　イングランドの学校におけるコミュニケーションの特徴は，次のように集約できる。それは，授業内外を問わず，思いや考えを表現する場面を豊富に経験する中で，きちんとした中身を話し，伝えることより，まずは話そうとする構えが大切にされる，だからこそ，展開している他者の言葉を遮ることなく，話そうとする構えを互いに尊重する態度を育むことは，子どもであれ大人であれ同じように重視される，というものである。この特徴は話し言葉だけにとどまらず，文字表現によるコミュニケーションへも同様に連なっていくと理解してよいだろう。それは初期リテラシー発達を促す子ども－教師のコミュニケーションのありようとしての「対話」の枠組みの保障としてまとめることができる。

　これらのコミュニケーションの特徴には，イングランドの保育・教育実践における初期リテラシー発達を促す働きかけとして何に価値を置いているかという観点が示されているといえよう。このことについては，日本の保育実践との比較という視点から，本章の最後に改めて詳しく検討することとする。

第3節　イングランドの保育・教育実践を支えるものは

1．初期リテラシー発達を促す保育・教育実践の背景を探る —— 実践者へのインタビューから

　前節でまとめたフィールドワークの結果から，文字習得に関する授業等の活動と，それを支える子ども－教師とのコミュニケーションの特徴が見えてきた。それをふまえ，本節では実践の観察だけでは可視化しにくい，イングランドの保育実践における，初期リテラシー発達を促す活動の背景にある理念や条件，制度に関する教師の視点を探ることを目的とした，実践者へのインタビュー調査の結果をまとめる。

　インタビュー調査の協力を得たのは，観察協力校における対象クラスを担当していたレセプションクラスの教師3名（P校1名・S校2名）と，1年生クラスの教師2名（各校1名）である。S校のインタビュー時には，担任教師に加え，教頭2名・校長1名の協力を得ることができた。教師の性別は，S校の校

84

長・教頭各1名を除き全て女性である。

P校のレセプションクラスの担任教師は，教育歴は16年であり，保育園から2年生までの各学年の指導経験があるが，レセプションクラスの担任歴が最も長いという。これまでに5つの学校・園を経験し，P校での教育歴は1年半である。またS校で主としてインタビューに回答したレセプションクラスの担任教師は，S校での経験は5年であり，最初の2年間は1年生クラスを担任し，レセプションクラスを担当して3年目である。

P校の1年生クラスの担任教師は，教育歴は20年であり，これまで主にレセプション，1・2年生の各クラスを担当してきた。P校での1年生クラスの担当歴は2年半である。S校の1年生クラスの担任教師も同様に20年の教育歴があり，1年生クラス担任に関しては6年間の経験がある。S校での1年生クラスの担任歴は2年間であった。

S校教頭によれば，免許上はレセプションから6年生のどの学年でも教えることが可能だが，実際にどのクラスを担任するかは，大学での専攻分野等，本人の専門性をふまえて決めることが多いという。よって，レセプションや1・2年生といった低学年担当の教師は，一般的に繰り返し同じ学年を担当する傾向があるということであった。

インタビューはP校では2019年3月20日に，S校では3月19日に実施し，現地の研究補助者と共に，全て英語にて筆者が実施した。協力者にできるだけリラックスしてインタビューに臨んでもらうこと，また暗黙のうちに了解され，言語化されない部分を，イングランドの教育現場の文化的外部者である筆者の視点からできるだけ引き出すことを念頭に，事前にインタビューガイド項目として表3-2に示した内容を準備した。これらの項目案は研究主旨をふまえ，Lynch（2009），Ure & Raban（2001）を参考に，観察結果から必要な内容を加味して研究補助者との調整を経て作成したものである。実際の質問は，このガイド項目に沿うことを原則としつつ，それぞれのインタビューの展開に沿って適宜項目を加減する，半構造化面接の形式で実施した。

表 3-2　半構造化面接におけるガイド項目

質問項目
1　レセプション・1 年生クラスでの教育歴
2　自クラスにおける英語を第二言語とする生徒数
3　初期リテラシーを促す活動の計画と実践
3-1　日案・週案の組み立て方
3-2　教育支援ウェブ素材の活用方法と計画・実践への影響
4　アセスメントが教育内容に与える影響と課題
5　初期リテラシー発達に対する子ども主導の活動の役割
6　（クラスごとの子どものエピソードを交えた質問）

注：質問 6 は各クラスの子どもの姿に合わせてそれぞれ設定。

2. イングランドの保育・教育実践の背景に見えてきたものは

　イングランドの実践者は，初期リテラシー発達を促す活動をどのように理解し，取り組みを進めているのだろうか。ここでは初期リテラシーに関わる活動の内容や，それを支える手立て（表 3-2 の質問 3・4）に関わる部分，また，そのような活動や手立ての背景にある指導観等の理念と実際の子どもの様子（質問 5・6）に関わる部分に分け，就学前教育カリキュラムに属するレセプションクラスの担任のものを中心に，インタビュー結果の主要な部分を取り上げ考察する。

1) 初期リテラシー発達を促す活動の内容と手立て

子どもの実態に応じて変化する活動内容と，それを支える記録と話し合い

　前節で報告したような英語の授業に関し，両校で共通して言及されたのは，教育内容を考えるうえで，子どもの実態に応じて内容を変化させる点である。それは学年標準的な基準を直接実践に対して落とし込んで構成されるのではない。たとえ同じクラスに所属していても，教育内容は子どもの理解度や進度に応じて異なっていく。また，同じ学年であっても年度が異なれば，同内容が実践されるとは限らない。

　例えば P 校のレセプションクラスでは，音声法の学習を除き，英語の授業で扱う内容は子どもの実態に応じて毎年変えているという。初期リテラシーの発

達は，レセプションクラスで扱う見立てやごっこ，役割遊び，アート等のさまざまな活動を通じて取り組まれ，実現していく。これらの多様な活動を通じて初期リテラシー発達を促すうえで，まずは読み書き習得の土台となる語彙を豊かにすることを軸に，毎年の内容をアレンジしているということであった。

いっぽうS校のレセプションクラスでは，英語に関しては前節で紹介したTalk for writingという教育法を柱にしながら，個々の子どもの様子に応じて去年までの取り組みを見直し，内容をアレンジしていると述べられた。この手続きは1年生でも同様である。また，子どもの理解度に応じて分けられた少人数グループに対し，全体とは別立てのカリキュラムを用いる際には，学年を越えて資料を活用するということであった。

第2の共通点は，このように教育内容をその年ごとにアレンジする際，職員集団でその検討を行っていること，また手がかりとして，子どもの様子を記録し，共有することが重視されている点である。このことは，レセプションクラスが2クラスあり，クラス合同で理解度別のグループをつくって英語の授業を展開しているS校はもちろん，レセプションクラスが1クラスのP校においても認められた。

P校レセプションクラスの担任はこのことに関し，計画は補助教員とチームで考える（"my team's knowledge"）ことを大事にしている。そのためにタブレット型端末を使って成果物の写真を撮り，オンラインアセスメントシステムに載せて共有している。それは計画を考えるうえで有用な情報となる，と述べている。

教材の工夫から，子どもが書きたくなるきっかけをつくる

それぞれのレセプションクラスでは，英語の授業を超えてリテラシーと向き合う機会を子どもたちに提供する機能を果たす代表的な教材として，ポートフォリオ教材が用いられていた。インタビューでは，このポートフォリオ教材を活用しての取り組みについても尋ねた。

P校においてSpecial bookと名づけられているポートフォリオ教材は，子どもが書きたくなるきっかけとして，日々の活動を通じて楽しく自分が好きなことを書いたり，描いたりするために導入されている。白紙のスケッチブックを使っ

たSpecial bookには，まず英語の授業や学年集会等，クラス全体で取り組んだ学習内容に関する課題を書くことが求められる。続いてのスペースには，子どもたちに対し「これはあなたの本なのだから，これがいい！と自分が思うものを載せるといいよ（"This is your book, so you're going to put in something new that you are proud of."）」と伝えているという。取り組みを通じてのねらいは，書けるようになった自分のこと，すなわち文字を用いて表現する主体としての自分を子ども自身が実感することである。このSpecial bookの取り組みは，子どもにとって必要な課題を設定して与える「大人主導型学習（adult-led learning）」の教材とは別に準備され，実践されていた。

　いっぽうS校のポートフォリオ教材であるLearning journeyは，P校のSpecial bookの内容と比較すると，授業時に提示された課題に対して子どもが書いた文や，描いた絵が載っていることが多い。また教師の撮った子どもの活動時の写真もよく掲載されており，学校でのできごとについてまだうまく話せないこの時期の子どもにとっては，保護者と学校とがやりとりするための道具としても機能しているという。これらの活動を通じて期待されているのは，学校はもちろん，家庭での具体的な経験と，そこから発展する子どもの興味・関心を，書き活動の基礎（"building block"）として初期リテラシー発達へと結びつけていくことである。学校での活動が家庭での活動のきっかけとなったり，また逆に週末の家庭での会話が学校での書き活動につながったりすることもある。

　リテラシー発達を促す関わりが期待できる家庭から，それが難しい家庭まで，多様な背景をもつ子どもに対してリテラシー発達に結びつく機会を豊富に設けることは，レセプションクラスはもちろん，1年生クラス担任へのインタビューにおいても強調されていた。Learning journeyは，子ども－教師間の二者関係を超えて，家庭を巻き込んで初期リテラシー発達に結びつく機会をつくっていく取り組みの一環として理解することができる。

2) 初期リテラシー発達を促す活動を支える理念

　フィールドワークからは，教師と子どものコミュニケーションの特徴として，子どもが自分の思いや考えを表現する際に，まずは積極的に話そうとする構え

を尊重すること，教師からの指導として，それは個の表現力の発達という点だけからではなく，対話の枠組みをどのように整え，支えるかとあわせて取り組まれていることが挙げられた。この点に関わって，初期リテラシー発達を促す活動を支える理念について，インタビューにて言及された内容を以下にまとめる。

「対話」と「自信」を育むことから

　P校教師は，実践の中で，子ども同士がペアになっての学習に積極的に取り組んでいる点を述べていた。英語の授業時は，文字の習得度が同じ子ども同士で組むのではなく，習得度はもちろん，家庭でリテラシー発達への支援が期待できるか否か，遊びやコミュニケーションに積極的かどうか等，環境や行動面等も含め，できるだけタイプの異なる子をペアにするという。そのねらいは，ペアで課題に取り組むことで，子ども間のやりとりが書き活動の助けになるように，また他のグループと比べて「自分は少ししか書けない」と思わなくてすむよう，子どもたちに自信を育むためにということであった。

　これに対しS校では，レセプションクラス全体の人数がP校に比べ多いこともあり，英語の授業実践ではペア学習ではなく，全体を4つの習得度別のグループに分け，それぞれのグループに教師を一人ずつ割り当てる体制をとっていた。その中でも特に支援を必要とする子どもに対しては，それぞれの子どもに合わせた学習の目的と方法を探りながら取り組みを進めているという。このことについて，S校レセプションクラスの担任は，支援を必要とする子どもが他児と同じ内容をこなすことは大きな挑戦となる。ゆえに同じ内容を取り組むことは求めていないと述べている。そのような子どもに対する実践にあたってとりわけ大事にしているのは，その子どもと1対1でやりとりする時間を朝に確保することである。そうすることで，その日の残りの時間を，子ども自身が気持ちよく過ごすことをねらいに取り組んでいるという。

　両校における具体的な実践はそれぞれのクラス・学校の置かれた条件や環境によって異なっているが，いずれも子ども一人ひとりとの対話を土台にしながら，子どもそれぞれの異なる状況に合わせて課題が調整されている点，また標準的な課題や到達目標にアプローチする以前に，子どもが自信をもって課題に取り組むことを大事にする点で共通しているということができる。

このことは，先述したP校でのSpecial bookの実践で，文字の使い手としての自分を子ども自身が意識できるよう支える取り組みの方向性と重なる。子ども自身が文字を学び，実際に使う経験を経て，対話やコミュニケーションを進める学び手としての自信や自覚を育むことに価値を置く。イングランドの実践では，その土台となる，子どもと大人や，子ども間での対話的な取り組みを重視しているとまとめることができるだろう。

「子ども主導」をどのように捉えるか

　また初期リテラシー発達を促す活動を支える理念に関わる質問として，実践における子ども主導の活動に対する考え方を尋ねた。このことについてP校レセプションクラスの担任は，子どもがプレッシャーを受けずに授業等で身につけた力を試すことができるのは，子ども自身が主導する遊びの中であり，それは子どもが主体となった評価と結びつくと述べている。いっぽうで，子どもそれぞれの興味・関心や習得度が多様であることを考えると，子ども主導の活動を計画し実践することは簡単ではないこと，よって大人主導の活動との組み合わせが大事になることも述べている。

　S校の教師は，子ども主導の活動はどの学びの領域においても基本的なものであり，それは，英語の授業とは異なる形で書き活動の機会を増やす場となることに言及していた。いっぽうで，特に支援の必要な子どもにとっては，子ども主導の活動の時間に自身の興味を発展させていくのが難しいこともあると指摘した。特に家庭で学習を支援するのが困難な環境に置かれている子どもほど，それぞれの子どもの関心をふまえ，子どもの学びをそれぞれに合ったものにする（"personalise"）ための大人主導のカリキュラムが必要ではないかと述べていた。これらから読み取れる，イングランドの保育者・教師が有するリテラシー指導観については，次の節で改めて論じたい。

第4節　対話を通じて保障される初期リテラシー発達

　本章の目的は，研究全体の第3の問いである，幼児期の文字習得を促す保育実践として，日本でこれまでなされてきた取り組み以外にどのようなものが成

り立つかを検討することであった。そのために，イングランドでの初期リテラシー発達を促す保育実践の実態と，それを支える理念・条件・制度について，日本における文字習得を促す保育実践との比較を念頭に収集した資料を示した。これらについて，①幼児期の初期リテラシー発達を促す活動の実態と，その背景にある理念，②それらの活動を可能にする条件と，そこにおける課題，の２点を順次検討し，日本の保育実践において可能な文字指導の新たな方向性を考察する。

1． 初期リテラシー発達を促す保育実践とその背景

1） もう一つの「文字指導」とは ―― イングランドの実践の特徴

　調査結果から示唆されたのは，イングランドの保育者・教師は，幼児教育カリキュラムのもとで展開されるレセプションクラスの実践において，第２章で触れた日本の保育者と比べ，初期リテラシーに関わる保育実践を明確に意識し，活動をアレンジしていることである。このことはフィールドワークの結果に示されているように，レセプションクラスであっても英語や音声法の学習の時間が授業として設定され，そこへの取り組みが子どもたちに求められていることからも明らかである。またそれらの時間以外でも，学年集会をはじめとする諸活動や，ポートフォリオ教材の導入等のさまざまな工夫から，子どもの文字を使った表現が奨励されるとともに，その機会を保障するための取り組みが多様な手段によって実施されていた。

　いっぽうで同時に読み取れるのは，イングランドの保育実践において想定されている「文字習得」の様相は，日本のものと同じではない点である。そこで強調されている価値は，日本における文字指導において繰り返されがちな，まずは誤りなくきれいに書く力の獲得と，それと結びついた「正しい姿勢で，きちんと鉛筆を持ち，一定時間机に向かう」という，身体面の自己統制を促す働きかけを重視する営みとは異なっていた。代わりに価値づけられていたのは，相手に向けて自分の意思を表現し，伝え合う力の獲得である。それに伴い重視されていたのは，発信者としての構えとともに，対話の枠組みの中で相手の発信を尊重する構えの獲得を促すことであった。

このことはフィールドワークの結果として触れた，文字表現の前提として話し言葉やコミュニケーションの発達があり，リテラシーとは子どもが感じたり考えたりした内容を伝える手段であるという理念が，文字習得の開始期であるレセプションクラスの段階から明確に位置づけられ，その後の指導においても一貫している点からも確認することができる。なかでも，書き指導のはじめから「文」で伝えることが重視されているのはその象徴であろう。また，1年生以降の英語の授業でも，例えば自分の気持ちや状態を表現するにはどんな形容詞や副詞が適切か等，文表現を豊かにする修飾語等の使い方が繰り返し取り上げられ，話し言葉を介してそれらを作文の中で表す取り組みが，P校・S校ともに丁寧に実践されていた。更にそこでは，子どもと教師のコミュニケーションの特徴として示した，積極的に自分の思いや考えを表現しようとする構えとともに，それを聴き取る構えを尊重し，両者をあわせて育むことに価値を置く指導がなされていた。

2) 日常的な対話から育まれる初期リテラシー

　これらを日本の文字指導の実態と比較すると，イングランドでは初期リテラシー発達という視点に基づくことで，より社会的な側面，すなわちコミュニケーションを通じての文字習得の面が強調され，対話的に文字指導が実践されているとまとめることができるだろう。その土台となっていると思われるのは，自分の意思を表現し，それを伝え合う対話の機会が，学校における日常生活のさまざまな場面に埋め込まれていることである。

　それは本章で触れた，初期リテラシー発達に直接焦点があてられている授業場面だけではなく，学校における日常生活のさまざまな場面に存在する。この様子を示す典型例の一つとして「給食」を挙げることができる。低学年では基本的に無償で提供される給食において，子どもたちは日替わりのメニュー，ジャケットポテト（ジャガイモまるごとオーブン焼き）を基本とする定番メニュー，または給食をとらずに持参の弁当にするという3つの選択肢から，その日ごとに自ら希望するものを選ぶことができた。また配膳の際にも，おかずの種類やデザートの要不要や量について，子どもたちは必ず個別に尋ねられていた。日々

の食事のメニューや量が選択制であることは，子どもにとって，自分の意思を問われる機会が毎日設定されることでもある。生活における日々の繰り返しが，子どもの構えの形成に影響することは想像にかたくない。この姿は，栄養的なバランスは充実しているいっぽうで，子どもの側の選択と意思表示の余地が限られ，「完食」が価値づけられ，奨励されることもいまだに少なくない日本の学校給食場面と対照的であろう。

　イングランドにおける初期リテラシー発達を促す保育実践は，特に子どもと教師間の対話やコミュニケーションの枠組みを重視して展開されていることを確認してきた。それは初期リテラシー発達を促すことを直接的に企図した活動はもちろん，それを超えて実践全体を日常的に支える理念と深く関わって具体化されることが理解できる。本章の締めくくりとして，これらの実践を成り立たせる背景と，そこから生まれるものは何か，どのような課題が残されているかを検討する。

2．初期リテラシー発達を促す保育実践の発展に向けて

1）初期リテラシー発達の重視からめばえるもの

　イングランドの保育実践において，初期リテラシー発達を促す取り組みを成り立たせる条件として第1に挙げられるのは，インタビューの中で述べられていた，たとえ同じクラスに所属していても，個々の子どもの習得度に合わせて教育内容がアレンジされる点である。同じ教室内で，子どもは必ずしも同じ課題に取り組むわけではない。フィールドワークの結果として示したように，補助教員との間で役割を分担しながらの，子ども個々の力量や関心に合わせたグループ別学習の形態は，「英語」の授業において多く取り入れられていた。また，授業そのものは全体指導の形をとっていても，与えられている学習課題が個々の子どもによって異なる場合も少なくないため，同時間の同じ教室であっても，結果として多様な取り組みが見られることがよくあった。このような姿は，例えばどの子どもにも原則的に同じ量で文字を書く課題を「宿題」として求める等のアプローチに代表される，クラス単位で同一の課題に取り組み，思考過程と結果を等しく保障することを目指す，日本の小学校の教室で典型的に観察さ

れる実践とは対照的であろう。

　到達目標と実際に取り組む課題が必ずしも一律ではなく，子どもに合わせて異なる内容を提示することが少なくないイングランドの実践では，子ども個々の多様な表現が結果として引き出されやすくなるとともに，その子どもらしい表現はもちろん，そこに向き合う姿勢そのものを子どもが認められる機会が増えることに結びつくと考えられる。このことは例えばインタビューの中で触れられていた，初期リテラシー発達を促す多様な活動を通じて，文字を使う「書き手」としての自分を自覚する機会を，子ども自身がさまざまな場で得ていくことが重視されている点と重なるだろう。

　その背景にあると考えられるのは，これらの課題に取り組むレセプションクラスの子どもは，日本の保育制度に照らし合わせると特に前半期は3〜4歳児クラスに相当する年齢であり，一律の課題に取り組むことが難しいと思われる認知発達面の問題，また英語を母語とする子どもの割合がクラスによって異なる等，個々の有する文化的な多様性に根ざす問題である。個々人の文化的な差異や多様性が大きいと，子ども間はもちろん，子ども－教師の間であっても，子どもの言葉にならない思いや考えを読み取ることが難しい場合がままあるだろう。イングランドに代表される複数の母語をもつ子どもが含まれる教室で，初期リテラシー発達を促すアプローチが発達初期から重視されている傾向は，そのような環境において互いの「対話」を成り立たせる基盤を育もうとする意図に深く関わっている可能性が考えられる。

2)　初期リテラシーを育む実践の課題——「森の学校」から見えたこと

　いっぽうでイングランドでの実践のように，初期リテラシー発達に関わる課題を個々に合わせて設定するにあたっては，インタビューでも触れられていたように，子どもの学習をどのように記録し評価するか，また教師間でそれをどのように共有していくかという点が重要になる。この点におけるイングランドの保育実践の課題として，どの教師も子どもの学習成果の記録と評価に熱心であるいっぽう，その基準は教師が課題を通じて事前に想定した子どもの姿にとどまりがちという特徴が挙げられる。

例えばイングランドのレセプションクラスや 1 年生クラスでは，子ども個々の特徴に合わせて大人が準備した書き課題に取り組んだ子どもの成果について，書きに向かおうとする子どもの姿勢を評価することが，子どもへのフィードバックも含めて丁寧に行われている。加えて既に触れたように，話し言葉が初期リテラシー発達を促す土台となることもまた十分に理解されている。そのいっぽうで大人が準備し，想定した課題を超えて子ども同士が活動を発展させ，自由にコミュニケーションを深めていくことはあまり想定されておらず，それを意図的に生み出す環境は，十分に保障されていない傾向が認められる。この点は日本の多くの保育実践において，初期リテラシー発達との関連は意識されていないものの，子ども同士が遊びを通じて自由にコミュニケーションする機会が十分に保障されている点と対照的であろう。

　イングランドの保育実践を通じて重視されている，初期リテラシー発達の社会的側面，言いかえれば自分の考えや感じたことを文字を用いて表現し，やりとりする主体となっていく方略を，子どもが能動的に構築し，発達させていくためには，遊びをはじめとする自由な場で子どもが他者とやりとりを深め，発展させていく機会の保障が不可欠である。この点に関し，P 校で各クラス週 1 回程度導入されていた「森の学校（forest school）」の取り組みが興味深い。その中では，これまでまとめてきた，教室における英語等の教科別学習場面とは対照的に，他の授業や活動では十分に確保されていなかった，子どもたちが自由に遊ぶ中で他者とコミュニケーションをとる様子が，繰り返しさまざまな形で観察された。

　この「森の学校」は，P 校に独自の取り組みではなく，校庭内や学校近くにある小さな里山スペースで実践される活動として，イギリスでは 1990 年代半ばより各地の学校で導入されている（Knight, 2013）。初期リテラシー発達と関わって，例えば Richardson（2014）や Richardson & Murray（2017）は，「森の学校」での実践を通じ，教室の授業での課題や評価基準から離れ，子どもが主導する遊びを通じて自由に子ども間でコミュニケーションする機会が保障されることが，幼児期の話し言葉の発達に正の影響をもたらしていることを指摘している。

しかしながらP校の場合，レセプションクラスでは担任教師も「森の学校」活動に参加していたいっぽうで，1年生クラスでは「森の学校」の担当指導員と補助教員のみが子どもと共に活動に参加し，当該時間，担任は教室で補習等の子どもの個別指導を担当していた。ここからは「森の学校」の活動が正課活動の時間に設定されているものの，特に学年が上がると課外活動的な扱いとなり，そこに初期リテラシー発達の社会的側面を深めていく機会があることは，多くの教師にとって実際にそれほど意識されていないことが示唆される。このような姿は，本章の冒頭で述べた，小学校の低学年段階（Key Stage 1）のカリキュラムの区切りである2年生でアセスメントが求められるという，イングランドの保育・教育の制度的特徴の影響を受けているのかもしれない。レセプションから1年生へと学年が徐々に進むにつれて，ふだんの教育実践における子どもの姿を記録する際に，アセスメントによって測定される，事前に定められた基準や視点に基づく記録や評価を熱心にせざるをえない状況に多くの教師が巻き込まれている可能性が考えられよう。

　日本とイングランドの保育実践の比較からは，初期リテラシー発達を促すうえでの課題として，対話を通じて子どもに文字の使い手としての自覚を育むとともに，自由なコミュニケーションの機会を通じて子どもの表現のレパートリーを拡張し，それを文字を使った豊かなやりとりへとつなげることが導かれる。それにあたり，日本の多くの保育実践において一般的である，子どもが自由に遊び込む機会を通じて，子ども間のやりとりを発展させていく機会をどのように保障するか，その中で個々の子どもの初期リテラシー発達が担保される環境を，どのように構成していくかを検討していく必要がある。

　次章では，日本とイングランドの保育実践の比較を通じて導かれたこれらの成果をふまえ，日本の保育実践において可能な，幼児の初期リテラシー発達を促す取り組みを試行し，その効果と課題を分析する。

第4章

リテラシーを育む保育の試み
——伝え合いたい関係を土台とする書き言葉へ

 第1節　初期リテラシー発達を促す保育実践の検討

　幼児期の文字習得を支える保育実践のあり方について，日本とイングランドの保育実践の比較から示されたのは，各々の子どもに合わせてアレンジした課題をもとに，対話の枠組みを土台として文字習得を保障する多様な機会を意図的に設けることが，実際の文字を使ってのやりとりと，表現のレパートリーの広がりへと結びつく可能性である。それは，自分の思いや考えを表現する手段である文字の使い手としての自覚を子どもに育んでいくだろう。「文字に興味・関心をもてる環境を構成する」「文字の読み書きを教える」ことを超えて，社会的側面に着目して初期リテラシー発達を促すこれらの取り組みは，保育実践における従来のアプローチでは十分に取り組まれてこなかった側面から，幼児期の文字習得を扱う試みとして理解できる。

　本章ではこの提起を受け，本書における第4の問いである，社会的側面に着目して初期リテラシー発達を促す試みが，幼児期の文字習得に対し，実際にどのようなインパクトを与えるかを検討する。それにあたり本章では，書き言葉によるやりとりを促すことに特に焦点をあて，幼児にとっての日常的な活動にそれを埋め込むことを試みた結果を報告する。実際に展開されたのは，保育における遊びとしてよく見られる「手紙のやりとり」を促すことで，文字によるコミュニケーションや表現の発達を支える取り組みである。

1. 保育実践を通じて書き言葉を支える

1) 保育における「手紙を書く活動」のもつ課題

　保育現場での手紙のやりとりは，幼児に親しまれている遊びの一つとして知られている（佐藤, 2018; 前田, 2018 など）。しかしながら，初期リテラシー発達やそれを促す保育実践との関係から，手紙のやりとり遊びを体系的に分析した研究はあまり見られない。

　数少ない先行研究の代表である横山（2004）は，一連の調査に基づき，実際に書かれた手紙の内容や文字に加え，保育における手紙を書く活動の基本的な構造とその多様性を検討している。手紙を書くことのできる環境が常設されている幼稚園での7か月分の手紙を分析した結果，次のことが導かれた。それは幼児が手紙を書く活動は，文字習得期にある4歳児が，特定の親しい友達に，文字だけでなく絵にもメッセージを載せて取り組んでいること，あわせて手紙においては，返事をもらうよりも，送ることが重視されているというものである。ただし，実際に手紙を書く活動に従事するかどうかは個人差が大きいことも明らかになった。この調査では，3〜5歳児の64.6%にあたる93名が一度は手紙を出している。いっぽう，1,082通の分析対象の手紙のうち17.8%は，手紙をよく書いている上位5名の子どもたちによるものであったという。

　横山（2004）はこれらの結果をふまえて，手紙を書ける環境を園内に常設するだけでは子どもの文章表現力を育むことが難しいことを指摘する。そのためには，子どもたちの文字習得の状況を見ながら，「文字でメッセージを伝えたい」と子どもが強く思う場面，例えば園外の人に現実の手紙を書く等の体験を園内の環境設定とともに組み合わせていく，あるいは手紙を書く環境を設定する期間を区切ることが必要であるという。このことは，保育実践の中で展開される手紙を書く活動に，手紙や文字に対する興味・関心の違いを越え，できるだけ多くの子どもを巻き込んでいくには，ただ単に書きたいときに手紙を書ける保育環境を構成するところから，もう一歩踏み込んだ設定や取り組みが必要であることを示唆するものだといえよう。

2）「手紙を書く活動」をやりとりとつなげる ── ぶんつうプロジェクト

　とはいえ，仮にそのための環境を「一律に手紙を書く」課題という形式で，い
わゆる時間割的に導入することは，日本の保育実践における中心的な価値であ
る，子どもが自由に遊ぶ中で活動を選び取り，学んでいくという形態になじみ
にくいと考えられる。またそのようなアプローチに取り組むことは，本章のね
らいとする，遊びを通じてめばえるコミュニケーションや表現等の社会的側面
をふまえた文字習得過程を分析するために適切とはいえないだろう。

　よって本章では，日常の遊びにおいて築いた人間関係を土台に，そこにおけ
る表現やコミュニケーションの延長線上に初期リテラシー発達が促されること，
その機会ができるだけ多くの子どもに確保されることを念頭に，保育者と協働
して実践するアクションリサーチという介入的な研究法によって「手紙を書く」
活動を導入した結果を紹介する。具体的には，研究協力者である大学生との遊
びを介した対話を保障し，その文脈の中で手紙を書く機会をつくるプロジェク
トを，幼稚園で働く保育者と協働して4・5歳児を対象に実施した。この「ぶ
んつうプロジェクト」と名づけられた取り組みを通じ，幼児の初期リテラシー
発達がどのように促され，文字習得がどのように展開したかを，収集した資料
に基づき検討する。

　ぶんつうプロジェクトの特徴の一つは，日常の保育実践にあわせ，当初から
文字に興味がある子どもだけではなく，どの子どもも無理なく文字に関わる活
動へと巻き込むことができる介入方法を計画した点にある。そのために，保育
中に時間を割り当てて，子どもの興味・関心と関わりなく言葉や文字に関わる
活動を設定するのではなく，子ども自身が選んだ遊びを通じて築かれる人間関
係と対話を出発点に，文字に関わる活動に取り組みたくなる環境構成を通じて，
子どもの書き活動を促すことを試みた。本章では，本プロジェクトを通じて幼
児の文字使用は促進されるか，表現のレパートリーはどのように広がるか，そ
の成立要件とは何かを探っていきたい。

2. やりとりと書き言葉を支える保育実践 ── ぶんつうプロジェクト概要

　「ぶんつうプロジェクト」は，保育者と協働で計画し，現在も継続中のアクションリサーチである。2019 ～ 2020 年度に調査に参加したのは，香川大学教育学部附属幼稚園（本園・分園）の 4 ～ 5 歳クラス児計 177 名であった。うち58 名は，2 年間にわたって継続的にプロジェクトに参加した。子どもたちと研究協力者である大学生は，共に遊ぶ時間を共有し，そこでの経験と人間関係を土台に，手紙でのやりとりを深めていくことが期待された。

　協力園の一つである香川大学教育学部附属幼稚園（本園：以下，附属幼稚園）は，人口 5 万人強の地方都市に位置する幼稚園であり，3・4・5 歳児で各 1 クラスの，定員 78 名の園である。また香川大学教育学部附属幼稚園の分園である高松園舎（以下，高松園舎）は，人口約 42 万人の地方都市の中心部に位置する，4 ～ 5 歳児で各 1 クラスの定員 60 名の園である。両園とも幼稚園教育要領の主旨をふまえて，遊びを通しての総合的な指導を中心とする保育実践を展開しており，言葉や文字の指導に特化した特別の時間は設定されていない。

　2 園の幼稚園児に加え，幼稚園教諭免許取得を目指している大学学部 3 ～ 4 年生計 73 名が研究協力者として参加した。大学生はそれぞれ，日常の子どもの関係性および遊びの様子をふまえて各クラスの担任保育者が設定した子ども 2 ～ 5 名とペアになり，子どもと自由に遊べる時間帯に 3 ～ 4 回幼稚園を訪問した。訪問目的は，主にペアとなった子どもを中心に，一緒に遊んで仲良くなることである。関わり方や遊びへの加わり方は，遊びを特定の方向に引っ張るような働きかけではなく，子どもの思いに沿った遊びに自然に加わることを基本とし，あくまで日常的な保育の延長線上としての関係づくりを優先する形がとられた。

　毎回の訪問時，もしくは訪問後すぐに，大学生はペアの子どもに向け，訪問中の遊びや会話に関わる内容を主とする手紙を書いた。手紙のねらいは「ペアの子どもが返事を書きたくなること」とされ，子どもの多様な表現を返信として引き出す内容の工夫が，それぞれの大学生に委ねられた。ペアの子どもに宛

第4章　リテラシーを育む保育の試み

図 4-1　ぶんつうプロジェクト中の保育室
注：筆者撮影（2019 年 12 月）。

てたもの以外も，大学生は園内の任意の子どもへ自由に手紙を送ることができた。

　子どもたちは園で思い思いに遊ぶ中で，「手紙ごっこ」の一環として返信を書くことができた。保育室内にはそのための環境（ハガキやポスト等を設置した手紙コーナー，協力者である大学生の顔写真と名前が掲示されたボード）が準備された（図 4-1）。いっぽう，保育時間内の活動としては，返事を書くための特別の時間は設定されず，保育者から個々の子どもに，学生への返事を書くよう促すことも基本的にしなかった。

　子どもから手紙の返信が送られた場合，大学生は原則返信を続けることで，手紙を介して子どもとのコミュニケーションを継続することが期待された。あわせて訪問終了後も，手紙をやりとりする機会が約 1 か月間確保された。

第 2 節　初期リテラシー発達を促す保育実践から見えてきたこと

1．どのような手紙が，どれだけ交わされたか

　「ぶんつうプロジェクト」はこのように，日常的な「遊び」の文脈に根ざした対話から展開する初期リテラシー発達を，保育実践の中に位置づけることを企

101

図していた。ここから見えてきたのは，どのような子どもたちの姿だろうか。はじめに結果の概要について，量的データを中心に整理したい。

プロジェクトの期間中は，大学生に宛てられた手紙以外にも，保育者に宛てられたものや子ども同士で交換されたもの等，さまざまな手紙が交わされた。ここでは原則的に大学生に宛てられた手紙のみを資料として扱う。

子どもたちは手紙を園で書くこともあれば，家庭で書いて持ってくることもあった。分析対象となった手紙には，宛名が書かれているがそれ以外は白紙であったり，絵のみであったりするものも含む。いっぽう，保護者等の大人によって代筆された手紙，大人が書いた文字を子どもがなぞったと思われる手紙は除外した。子どもの絵に対し大人の文字で添え書きが加えられたものは，文字なしの手紙として扱っている。

また統計的な手続きに関し，58 名の子どもが 2 年間連続してプロジェクトに参加していることから，特に年齢間の差を比較する場合，年度ごとにデータをとりまとめての比較と，58 名についての変化とを分けて分析を行った。

1）手紙を書いた人数と頻度

自ら手紙を書こうとする様子は多くの子どもに観察された。2019 年度のプロジェクトに参加した 118 名中，手紙を書いたのは 81 名（68.6％），2020 年度は 117 名中 85 名（72.6％）であった。4 歳児と 5 歳児の間に顕著な差は見いだされなかった。2 年間連続してプロジェクトに参加した 58 名の変化もあわせて分析したが，加齢に伴い手紙を書くようになる，もしくは書かないようになる等，年齢からの全体的な影響は特に見いだされなかった。

手紙を書いた頻度について，2019 年度は 173 通，2020 年度は 182 通が書かれていた。書いた子ども 1 人あたりの平均は，2019 年度が 2.14 通（標準偏差：以下，$SD = 1.31$），2020 年度も同様に 2.14 通（$SD = 1.59$）であり，最も多い子どもは 10 通であった。手紙を書いた頻度に，年齢間の統計的な有意差は見いだせなかった。2 年間連続して参加した 58 名についても，4 歳児から 5 歳児にかけて手紙を書く頻度が増加した子どもが 22 名（37.9％）いるいっぽうで，減少した子どもも 18 名（31.0％）おり，こちらも同様に，年齢に関する全体と

しての傾向は特に見いだせなかった。

　幼児の手紙を書く活動を分析した先行研究である横山・秋田・無藤・安見（1998）では，東京都内の私立幼稚園1園において，保育環境として園内に常設されたポストを介して，3～5歳児141名が9月から翌年3月の7か月間に送った手紙の内容を分析している。その結果，全体の64.6％，4歳児の85.7％，5歳児の73.5％が期間中に1回以上手紙を書いたことが報告されている。本プロジェクトにおいて自ら手紙を書いた子どもの割合と，全体的な傾向としては似通っているといえる。

　いっぽうで手紙を何通書いたかという頻度に関しては，先行研究では手紙の7割以上が4歳児によって書かれている。また差し出し手紙数の多い上位5名の手紙の合計が，全体の手紙数のおおむね4分の1を占めている等，手紙を書く回数の個人差が大きいことが報告されている。これに対し本プロジェクトの場合は，年齢や個人差によらず，1～3通程度の手紙が多くの子どもによってまんべんなく書かれている点に特徴がある。

　この点については，手紙をやりとりする相手の違いが関わっていると考えられよう。横山ほか（1998）で分析対象となった手紙は，約8割が子ども同士によってやりとりされたものである。子ども同士で交わされる手紙の場合，そのときにどんな遊びが展開しているか，それが手紙のやりとりに関わるものかによって，手紙を書く活動へ巻き込まれる程度には個人差が大きくなることが予想される。いっぽうで本プロジェクトにおいて，相手は研究協力者の大学生であり，手紙を書く活動に関わる機会はどの子どもにもまんべんなくもたらされた。これらの結果からは，保育実践において手紙を書く活動へ参加する構えを多くの子どもに広げるにあたり，手紙の宛先，すなわちコミュニケーションの相手が誰であるかを明確化した環境構成が求められることが示唆される。

2）　書かれた手紙の内容

　子どもたちが自ら書いた手紙は，どのような内容のものだったのだろうか。延べ166名によって，プロジェクトの2年間で合計355通の手紙が書かれた。その内容を概観するため，表4-1に示したカテゴリーに沿って記載内容を分類し，

表 4-1　手紙の内容の分類基準と実例

項目	分類基準と実例
あいさつ	時候のあいさつなど。 (例)「ことしもよろしくおねがいします」
約束	ある物事を将来にわたって決めるもの。 (例)「またいっしょにあそぼうね」
報告・伝達	自分に関することや体験したこと, 自分の気持ちを相手に伝えるもの。質問の答えなど。 (例)「いまはだんすきょくをひいています」「だいすき」
お見舞い	相手に対してお見舞いを述べたもの。 (例)「ころなにならないようにね」
共有体験	相手と共に体験したこと(過去), あるいは今後することに関して具体的に言及したもの。 (例)「つぎもいちりんしゃしたいな　でもこまもしたいよ」
お礼	相手の何らかの行為に関してお礼を述べるもの。 (例)「おてがみありがとう」
質問	相手から何らかの情報を得ることを目的としたもの。 (例)「せんせいはなんのたべものがすき?」
その他	上記のカテゴリー以外のもの。相手の特性を述べたもの。その他の事象について述べたもの。 (例)「たんじろうのえ(相手の手紙にあったイラスト), うまいね」「おとこはなぜかあおがすきなの」
不明	文字らしきものが書かれてはいるが解読不能のもの。

出所:横山ほか, 1998 を一部改変。

各項目の記載数を検討した。これは上述の横山ほか（1998）によって用いられたカテゴリー項目を変えずに, 分類基準を本プロジェクトに合うように調整したものである。各項目の内容が記載された手紙の数について, 年度別に表 4-2, 表 4-3 にまとめる。

その結果, 両年度をあわせて最も記載数が多かったのは, 子どもが自分に関することや気持ち, 質問されたことの答えを相手に伝える「報告・伝達」であった。次いで多かったのは,「また遊ぼうね」などの約束,「ありがとう」などのお礼, 共有された遊びの内容について具体的に言及する「共有体験」であった。統計的な手続きによって年齢間の違いを検討したところ, 2020 年度の「お礼」に関し 4 〜 5 歳児の間に差が見いだされた以外は, 5 歳児がやや多い傾向があったものの, その差はいずれも有意なものではなかった。

また, これらの内容の 1 通あたりの記載数について, 横山ほか（1998）を参考に整理した。手紙 1 通あたりの平均記載内容数は 2.03 （$SD = 1.35$）であっ

第 4 章　リテラシーを育む保育の試み

表 4-2　各項目の分類内容が記載された手紙の数（2019 年度）

項目	4 歳児（ N = 86）	5 歳児（ N = 87）	全体（ N = 173）
あいさつ	2（　2.3%）	1（　1.1%）	3（　1.7%）
約束	32（37.2%）	37（42.5%）	69（39.9%）
報告・伝達	29（33.7%）	39（44.8%）	68（39.3%）
お見舞い	0（　0.0%）	0（　0.0%）	0（　0.0%）
共有体験	18（20.9%）	23（26.4%）	41（23.7%）
お礼	23（26.7%）	36（41.4%）	59（34.1%）
質問	4（　4.7%）	6（　6.9%）	10（　5.8%）
その他	11（12.8%）	11（12.6%）	22（12.7%）
不明	10（11.6%）	0（　0.0%）	10（　5.8%）

表 4-3　各項目の分類内容が記載された手紙の数（2020 年度）

項目	4 歳児（ N = 88）	5 歳児（ N = 94）	全体（ N = 182）
あいさつ	8（　9.1%）	8（　8.5%）	16（　8.8%）
約束	26（29.5%）	39（41.5%）	65（35.7%）
報告・伝達	43（48.9%）	49（52.1%）	92（50.5%）
お見舞い	1（　1.1%）	1（　1.1%）	2（　1.1%）
共有体験	18（20.5%）	17（18.1%）	35（19.2%）
お礼	17（19.3%）	38（40.4%）	55（30.2%）＊
質問	18（20.5%）	17（18.1%）	35（19.2%）
その他	13（14.8%）	19（20.2%）	32（17.6%）
不明	5（　5.7%）	4（　4.3%）	9（　4.9%）

注：＊は年齢による有意差あり（ $p < .05$ ）。

た。年度ごとに 4 〜 5 歳児の差を分析したところ，いずれも 4 歳児から 5 歳児にかけて記載数自体は増える傾向が見られた。が，横山ほか（1998）では加齢とともに増加しているとされる，年齢間の有意な差を統計的に見いだすことはできなかった。

　その理由として考えられるのは，横山ほか（1998）では内容数 0 に分類される手紙が全体の約 8 割を占めたが，本プロジェクトで「不明」に分類された手紙数は全体の 1 割に満たず，分析対象となった，内容がある手紙の絶対数（355通）そのものが，横山ほか（1998）に比べかなり多いことである。まとめると，宛先を明確にした手紙のやりとりという本プロジェクトの環境構成によって，年

齢を問わず，幅広い内容が記載された手紙が交わされたと考えてよいであろう。

　また手紙の内容に関わる追加的な分析として，特に目についた定型表現である「だいすき（例：『○○せんせいだいすき』等）」「ありがとう（例：『おてがみありがとう』等）」「またあそぼうね（例：『またいっしょにあそんでね』等）の出現頻度を整理した。定型表現を捉えることを分析のねらいとしたため，例えば「つぎはラグビーをしよう」等，今後の約束等の具体的な内容を含むものは除外した。その結果，「だいすき」を含む手紙は93通（26.2%），「ありがとう」は96通（27.0%），「またあそぼうね」は109通（30.7%）に含まれていた。これらの定型表現の出現頻度について，年齢による違いは見いだされなかった。

3）　手紙によるやりとりの発展

　本プロジェクトで交わされた手紙は，基本的に協力者であるペアの大学生が宛先となっている。それが実際に子ども自身にどの程度意識され，文字表現として現れているかを分析するため，例えば「○○せんせいへ」のように，「宛先」として相手の名前が手紙に書かれているかを整理した。その結果，319通（89.9%）の手紙に具体的な宛先が書かれていた。4歳児に比べ5歳児のほうが宛名が明記された手紙がやや多かったものの，年齢ごとの違いは統計的に有意な差ではなかった。ここからは，本プロジェクトにおいてやりとりされた手紙のほとんどが，その当初から一般的なものとしてではなく，相手をはっきりと意識して書かれたものであることがうかがえる。

　続いて手紙の内容に着目し，子どもと大学生の情報のやりとりが，手紙のみで成立しているかを分析した。手紙のみでの情報のやりとりとは，対面での情報共有を前提としない，文面上でのコミュニケーションが成り立っているものである。例えば大学生からの「きょうは（幼稚園に）あそびにいったけどおやすみであえなかったね。とってもさみしかったよ。いっしょにあそびたかったな。」の手紙に対する，子どもからの「そのときはハンド（筆者註：ハンドボールの試合）へいってたか，にゅういんしたかどっちかとおもうよ。」という返信（高松園舎5歳児クラス女児）をはじめとする，共有体験を前提としないやり

とり，もしくはクイズの問題と答えを送り合うといった，言葉での遊び等が挙げられる。したがって，園で実際に一緒に遊んだ経験を振り返る手紙のやりとりはここに含めなかった。

その結果，2019年度は参加児118名中23名（19.5%），2020年度は117名中36名（30.8%）が手紙のみでの情報のやりとりを成立させていた。これは手紙を書いた参加児を分母とすると，それぞれ28.4%（2019年度），42.4%（2020年度）にあたる。2年間続けて参加している58名に特に焦点をあて，マクニマーの検定（related-samples McNemar change test）という統計的な手続きを用いて分析したところ，4歳児から5歳児にかけて，手紙のみでの情報のやりとりが可能になっていくことが明らかになった。

2．子どもたちが見せた姿から —— 事例の検討

「ぶんつうプロジェクト」におけるこれまでの手紙の全体的な分析から，手紙の数や記載された内容数，分類された記載内容のカテゴリーには年齢と関連しての大きな変化は見られなかった。いっぽうで手紙を介しての具体的なやりとりの質の発達に着目すると，4歳児から5歳児にかけて，習得された文字を介してのコミュニケーションが徐々に可能になっていくことが示唆された。

アクションリサーチ形式で資料収集を試みた本プロジェクトの特徴の一つは，子どもによって書かれた手紙を，脱文脈的な形で把握・分析することにとどまるのではなく，それを支える具体的なやりとり，およびその背景と切り離さずに分析できる点にある。したがって，書かれた手紙の内容は，遊びをはじめとする園での活動や子どもを取り巻く環境とどのような関連をもって導かれたのか，園での活動と大学生とのやりとりが結びつくことで，手紙の記述内容と機能がどのように発展していったのかなどの質的側面に着目した分析が可能になる。

この点をふまえて，以下に「ぶんつうプロジェクト」での手紙のやりとりに伴う典型的なエピソードをまとめる。エピソードは全て，研究協力者の大学生が，手紙の内容と訪問時の遊びの中でのやりとりを記録したものを土台にして，筆者と担任保育者が話し合い，手紙のやりとりおよび園での遊びの記録と再照合したうえで整理したものである。

図 4-2　受け取った手紙をすぐに眺める子どもたち
注：筆者撮影（2020 年 12 月）。

1）手紙は何を生み出したか

　次のエピソードは，プロジェクト前は文字や手紙に関心を示さなかった子どもが，自らに宛てられた手紙を手にしたことが刺激となり，書こうとする構えへと結びついたケースである。特に 4 歳児にとってはこれらのケース以外にも，自分だけに宛てられた手紙を受け取るのは園内外を通じて生まれて初めて，という場合が多くあった。そこでは自分に宛てられた手紙を受け取ること自体が，大人の想像以上に魅力的なできごととして感じられているようであった。文字を読める・読めないにかかわらず，手紙を受け取るとすぐに熱心にそれを眺める様子が，エピソードに示す子ども以外にもプロジェクト期間中の園内のあちこちで繰り返し観察された（図 4-2）。

エピソード 4-1

　Ｖ児：高松園舎 5 歳児クラス男児　2019 年 12 月〜 2020 年 1 月
　ふだんは手紙や文字に関心を示さないＶ児。12 月 18 日の大学生の初めての訪問の際には，両者が直接言葉を交わす機会はなかったが，他児も交えてコマ回しで遊ぶ。Ｖ児はその日初めてコマを回せるようになり大喜びしていた。その後「はじめてコマがまわせたね。つぎあそびにきたとき，みせてね。またあそぼうね。」との手紙を受け取ったＶ児。初めて自らに宛てられた手

紙を受け取った経験がとても嬉しかったようで，保育室内の手紙コーナーに足を運び，ハガキを手にしたり戻したりを繰り返す。その日，結局手紙は書かなかったものの，手紙のコーナーに自ら向かうこと自体が，それまでのV児にはめったに見られない姿であった。

後日，園内で返事を書く他児の姿に刺激を受けて，自ら手紙を書いて伝えようとする姿が見られた。まだ文字が書けないため，大人の見本や他児のものを真似ながら「○○せんせい　おてがみありがとう　V（名前）」と書く。

1月8日，ペアの大学生の2回目の訪問時には欠席であった。大学生からの「きょう　おやすみだったね。あえなくて　ざんねんだったね。Vくんのげんきなおかおがはやくみたいなあ（^-^)　つぎはなにしてあそぼうかな？？」の手紙に対し，再び「おてがみありがとう　いつもあそんでくれてありがとう」と返信する（図4-3）。

 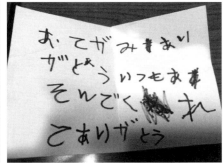

図 4-3　V児の手紙
左：1通目，右：2通目
注：個人名の箇所は画像を加工して伏せている（以下同様）。

エピソード 4-2

W児：高松園舎5歳児クラス男児　2019年12月〜2020年1月

　自分の名前をはじめ文字を書くことはできるものの，V児同様，日頃は手紙や文字にめったに関心を示さないW児。「裁判」「判決」等の言葉をごっこ遊びの中で使う等，語彙は豊富であるが，話し言葉はそれほど流暢ではない。

　ペア学生の訪問時には，大学生と他の男児を交えて警察・裁判ごっこをして遊んだ。その後大学生から「きょうは　いっしょにあそんでくれて　ありがとう！！　けいさつごっこ　たのしかったよ！！　また　さいばんかんに　なって　あそびたいな！　つぎに　きたときも　またいっしょにあそぼう！！　すきなものの　おはなしも　ききたいな！」という手紙が送られた。W児にとっては，自らに宛てられた手紙を受け取った初めての経験である。それに刺激を受けたのか，園ですぐに返事を書こうとする姿が観察された。はじめに書いた手紙は宛先のみで裏面は白紙であったが，本児なりにペアの大学生に「伝えたい」という構えの中で踏み出した一歩であったことがうかがえる。

　その後，1月8日のペア大学生の2回目の訪問では，W児と大学生の2人で砂場で山や川をつくって遊んだ。遊びの中でW児は「この川を大きくして太平洋にしよう。この山は日本で，あの山はアメリカね」と大学生に提案し，砂場を掘ったり，そこに水を流し込んだりしていた。「どうやってしたらいいかな？」という大学生の質問に対して，「ここをもう少し掘って，日本のところに砂を盛って！」というように，自分の進めたい遊びの方向性について的確に言葉での説明ができていた。

　訪問後，大学生からその日の遊びの内容と思い出に触れた文字の手紙が送られた。W児はそれに対し「〇〇せんせいへ　たいへいようつくってたのしかったね。またきたらいっしょにあそぼうね。Wより」と自ら返信した。このように，文字や手紙に興味がなかったW児が，遊びをきっかけに継続した手紙でのやりとりを開始し，そこではペアでの遊びの展開に沿った内容

110

に関わる表現が見られた（図4-4）。

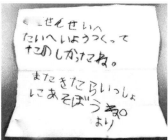

図4-4　W児の手紙
左：1通目，右：2通目

2）遊びから手紙へ，手紙から遊びへ

　エピソード4-1と4-2は，園で文字や手紙とは直接関係しない遊びを共有した後に，手紙のやりとりがめばえたケースである。これに対し，ポストをつくる，手紙を配る，他者が手紙で伝え合う様子を見る等，手紙交換に伴う遊びを自由に楽しむ中で，その後の実際の手紙のやりとりへと発展したエピソード4-3のようなケースも観察された。

エピソード4-3

Y児：附属幼稚園4歳児クラス女児　2019年12月〜2020年1月

　大学生による訪問初日であった12月17日，手紙ごっこにおいて，4歳児クラスのX児は首から吊り下げる紙製の「ゆうびんやさんのポスト」を自宅で作成し，遊びに加わった。大学生が園に訪問し，手紙をやりとりするという訪問目的を保護者もしくは保育者から聞いたことで，大学生と遊ぶのを楽しみに，X児なりにイメージを膨らませていたのだろう。

　それを機に4歳児たちで盛り上がり始めた手紙ごっこの中で，手紙を書くのではなく，X児と同様に自作のポストを首から下げ，まずは「ゆうびんやさん」として手紙を配ることを楽しんでいたY児。この日は大学生が遊びの

展開に合わせ，X児や保育者に宛てて書いた手紙を配達することにいそしんでいた（図4-5）。訪問後，学生はY児にゆうびんやさんごっこについての手紙を送ったが，それに対する返信はなかった。

図4-5　自作ポストを使っての手紙のやりとり遊び

　その後，1月16日のペア学生の2回目訪問時は，「アイス屋さんごっこ」をY児と大学生，他児も交えて楽しんだ。大学生はY児のアイスクリーム屋さんに遊びに行き，「おすすめのアイスクリーム1つください」と言うと，Y児は黄色い毛糸をくるくる丸めたものを紙に包んだ「ばななアイス」をつくった。大学生が「おいしかったです！　ありがとうございます！」とお礼を言うと，「まいど，ありがとうございましたー！」と言ったY児は，再びアイスクリームづくりに夢中になっていた。

　訪問後，大学生はこの日の遊びの様子について「ばななあじのあいすくりーむ　とってもおいしかったよ (^o^)　ありがとう♡　Yちゃんはなにあじがすきなの？」と手紙を書いた。1月22日の第3回目の訪問時の朝，大学生が「手紙読んでくれた？」とY児に聞くと，Y児は「うん！」と笑顔で答える。大学生は「また，Yちゃんの好きなアイスの味教えてね！　お返事待ってるね！」と伝える。その後，大学生が手紙コーナーで他児と話をしな

がらU児宛の手紙を書いていると，Y児が「Yも書こっか」と大学生に話しかける。大学生はY児に「Yちゃん，ここに『Uちゃんへ』って書いてくれる？」とお願いしてみる。Y児は「いいよ！（鉛筆を）貸して」と言い，「"ゆ"（U児の語頭のひらがな）ってどうやって書いてたっけ」等と言いながら字を書く。その後Y児は「先生にも書くね！」と言いながら大学生に手紙を書き始める。内容は「Yより♡ Yわいちごあいすわめちゃすき」という，先に送った手紙での大学生の問いかけに答えるものであった（図4-6）。

第1回目の訪問時，Y児がポストを使って手紙を配る役を楽しんでいたことから，その後の訪問時においても，ペアの大学生は保育室内の手紙コーナー付近にいることが比較的多かった。その中でペア以外の子どもにも「手紙を書いて」と頻繁に求められる大学生の様子に刺激され，一緒に手紙を書き始めたことが，Y児の表現を最終的に返信という形で引き出したものと思われる。

大学生とY児の手紙のやりとりはその後も継続し，アイスのやりとりに続いて大学生が問いかけた「好きな動物」についての答えを手紙で返信する姿が見られた（図4-6）。

図4-6　Y児の手紙
左：1通目，右：2通目

3）手紙としてのやりとりへ

これまでのエピソードでは，園での遊びを土台に展開した手紙のやりとりを主に取り上げてきた。その先に，感じたことや考えたこと等，意思や情報を互

いに共有し伝え合う媒体として，文字そして手紙を機能させるまでにやりとり
を発達させたケースもいくつか見られた。以下に紹介するエピソードは，ペア
の大学生とやりとりした手紙の内容が最も深まった例である。

エピソード 4-4

Z児：附属幼稚園5歳児クラス女児　2020年12月〜2021年1月

　研究協力者のペア大学生の訪問初日の12月1日，Z児と大学生は「パン
ごっこ」で他児を交えて一緒に遊んだが，1対1のやりとりはそれほどな
かった。2回目の訪問時も同様に，十分に言葉を交わすことができなかった
が，Z児がペアの大学生を誘い，練習した鍵盤ハーモニカを他児と披露する
「発表会ごっこ」を共に楽しむ機会があった。

　大学生が訪問時の様子を手紙とメッセージカードで送った後の3回目の訪
問日である12月22日から，両者のコミュニケーションは少しずつ深まっ
ていった。この日はZ児がペア大学生にハイタッチをしたり抱きついたりす
る等，これまでに見られなかったスキンシップが見られるようになった。帰
り際には通用口を挟んでペア大学生の手をつかみ，「帰らないで！」と10分
ほど離さない様子があった。大学生の最終訪問日である1月19日には，2人
の間で「（Z児）来年は附属小学校で会おうね」「（大学生）先生……来年は
附属小学校行けれんのよ」というやりとりがあり，Z児は悲しそうな表情を
していたという。

　これら一連の訪問日，およびその後も含めてやりとりされた手紙の内容を
図4-7に，Z児が書いた手紙の一例を図4-8に示す。Z児は4歳児クラスに在
籍していた2019年度もプロジェクトに参加し，ペアとなった別の大学生と一
緒の遊びや，受け取った手紙を眺めることを楽しんでいたが，その際は実際に
自ら手紙を書くことはなかった。今回，訪問時の遊びと口頭でのやりとりを通
じてのペア大学生との関係が深まったことが，Z児の手紙を書く構えを刺激し，
文字によるコミュニケーションを発達させたことが示唆される。

第 4 章　リテラシーを育む保育の試み

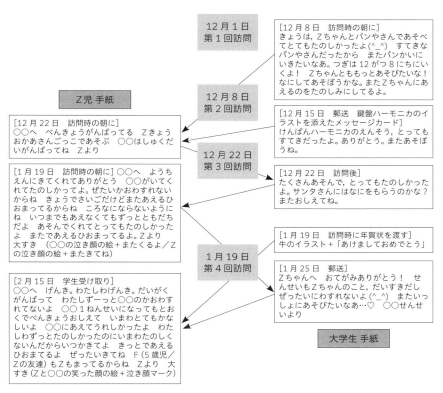

図 4-7　Z児とペア大学生の手紙のやりとりの発展
注：○○はペア大学生の名前。

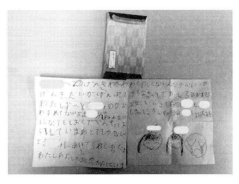

図 4-8　Z児からの手紙例
注：筆者撮影（2021年2月）。

115

第3節 伝え合いたい関係からめばえる書き言葉

「ぶんつうプロジェクト」は，幼児期の初期リテラシー発達を促す保育実践として，当初から文字に関心がある子どもだけではなく，どの子どもも無理なく文字に関わる活動に巻き込まれる機会が得られることをねらった取り組みである。本章の目的は「ぶんつうプロジェクト」による試みが，幼児期の文字習得に対し実際にどのようなインパクトをもたらすかを検討することであった。本節ではこの目的について，幼児の文字使用は実際に促進されたか，その中で子どもの表現のレパートリーはどのように広がり，深められていったか，それを可能にした条件は何かの3点を順次考察する。

1. 幼児の文字使用は促進されたか

本章における研究の結果明らかになった知見の一つは，手紙をやりとりする相手と一緒に遊ぶことを通じての関係構築が，当初は手紙や文字に関心が薄かった子どもも含め，それぞれの参加児の「書こう」とする姿勢を多様な形で引き出し，深めたことである。このことは本プロジェクトにおいて，7割を超える参加児が自ら手紙を書いたこと，また参加児によって書かれた手紙の9割以上が何らかの実質的な内容を含むものであり，かつ，特定の子どもだけが何度も手紙を書いたのではなく，多くの子どもがまんべんなく手紙を書いた結果からも読み取ることができる。

手紙のための環境構成が異なる4園で，保育実践としての手紙を書く活動に関する体系的なデータを収集している横山（2004）では，4か月間のデータ収集期間中に1回以上手紙を書いた4～5歳児の割合は52.3%である。本プロジェクトにおいて手紙を書いた子どもの割合はこれよりかなり高く，横山（2004）における手紙のための環境を常設している園（71.4%），年賀状づくりを目的に一時的に手紙の環境を設定した園（68.8%）の割合に近い。

本プロジェクトでは先行研究と異なり，子ども同士や保育者との間で交換される手紙を分析対象に含めておらず，研究協力者の大学生と参加児がやりとり

した手紙のみを対象としている。いっぽうで実際にはこのプロジェクトと同時期に，子ども同士や子どもと保育者との自由な手紙交換が，両園ともに活発に行われていた。このことと，プロジェクトの実施期間が3か月と先行研究よりやや短いこと等を考えあわせると，一般的な保育実践における環境構成のもとで手紙を書く子どもの割合に比べ，「ぶんつうプロジェクト」で手紙を書く活動に取り組んだ子どもの割合は，比較的高かったと考えてよいであろう。

　加えて第2節で取り上げたエピソードからは，実際に内容のある手紙を書く活動までは至らないものの，その前駆的な姿と考えられる行動がさまざまな形で引き出されたことが見えてくる。エピソード4-1に登場するV児はその代表であろう。V児以外にも，例えば1文字書くのに数秒かかる子どもが，手紙を書きたい思いで「どう書くかわからない」とペアの大学生に伝える（高松園舎5歳児クラス男児），まだ文字をスムーズに書けず，手紙に自分の名前のみ懸命に繰り返し書いてみる（高松園舎4歳児クラス女児），ふだん全く文字に興味を示さず，園でも家庭でも自ら書く活動に取り組む姿を一度も見せてこなかった子どもが，宛先と自分の名前，ペアの大学生から受け取った手紙に書かれていたクイズの答えである「あめ」を，手本を見ながら何とか年賀状に書く（附属幼稚園4歳児クラス男児）等，本プロジェクトにおいては，近いうちに文字を使っての伝え合いに発達すると思われる，多様な子どもの姿が観察された。

　「ぶんつうプロジェクト」における環境構成の特徴は，全ての子どもにペアを設定することで，宛先を明確にした書き活動をアレンジしたと同時に，もともとの文字への興味・関心にかかわらず，文字に関わる活動に従事する機会を，「ペアから手紙を受け取る」という形でどの子どもにも均等に提供したことにある。この点は，手紙コーナーのような環境を園内に設定し，そこに足を運ぶか否かは子ども自身の興味・関心に任せるアプローチとは異なる。またもう1つの特徴は，書き活動に先立ち，子ども自身が慣れ親しんだ園環境で，宛先となる相手と共に自ら選んだ遊びを楽しめる場を複数回提供したことで，手紙のやりとりへとつながる相手との関係を参加児が徐々に深めていけたことである。この点は，子ども自身の興味・関心，活動に取り組みたくなっているかどうかの必然性に関わりなく，例えば「クラスで手紙を書く時間」のように，活動に従

事する時間を一斉に設けるアプローチと明らかに異なるといえよう。

　このような環境構成の中で，直前に園で共有したできごとに関わる内容を中心とした手紙を受け取ることは，第2節で示した写真（図4-2）の子どもたちの姿に端的に現れているように，多くの子どもにとって刺激的な経験となったようである。ここからは本プロジェクトの試みが，子どもの文字習得の程度にかかわらず，遊びにおける話し言葉でのやりとりから，書き言葉によるコミュニケーションへの自然な移行という形で，個々の子どもの初期リテラシー発達を促したことが示唆される。

2. 文字表現のレパートリーの発達

1) 手紙における表現内容は広がったか

　参加児が書いた手紙の内容を整理した結果，手紙への記載内容として，自分のことを相手に伝える「報告・伝達」，「また一緒に遊ぼうね」等の「約束」，相手に対する「お礼」，共に楽しんだ遊び等に具体的に言及する「共有体験」を含む表現が多いことが明らかになった。内容分類カテゴリーのもととなった横山（2004）における，手紙の活動のための環境構成の異なる4園の全体的な傾向との結果を比較すると，「約束」が多い点は先行研究の各園と共通しているいっぽう，本プロジェクトでの子どもによって書かれた手紙の特徴として，「報告・伝達」「お礼」「共有体験」を含む表現の多さを挙げることができる。

　本プロジェクトの手紙での「約束」の多さは，手紙をやりとりする相手である大学生が，一定の期間にわたり，数日の間を空けつつ繰り返し園を訪問する機会があったことと関連していると思われる。これに対し「報告・伝達」は，横山（2004）では手紙を書く活動に対して特別な設定を行っていない1園においてのみ多かった。当該園で分析の対象となった主な手紙は，産休中の保育者や長期欠席の友達に宛てて，クラス単位で設定された時間に書かれたものだという。このことは本プロジェクトにおける手紙が，友達や保育者等の毎日顔を合わせている相手ではなく，今，目の前にいない相手に基本的に宛てられていたことと共通しているといえる。「報告・伝達」に関わる内容の増加には，このような条件が結びついていると考えられるだろう。

第4章　リテラシーを育む保育の試み

　「お礼」については，本プロジェクトの場合，まずは大学生によって訪問後に送られる手紙からアプローチが開始されたことが，「おてがみありがとう」をはじめとする表現の多さに影響したことが考えられる。また「共有体験」は，横山（2004）では4園中1園で相対的に多く分類されていた。そこでは退職する保育者に宛てた手紙において，その保育者と共に経験したことが主に書かれていたという。この結果と両者の環境構成における共通点をふまえると，日々の保育実践を通じて手紙の宛先の相手と共に繰り返し遊ぶ経験が，「共有体験」に関わる表現の増加に寄与した可能性が考えられよう。

　また，これらの内容が手紙1通あたりにどの程度記載されているかに関し，本プロジェクトでは内容が記載されている手紙そのものの絶対数が，先行研究の各園に比べて多かったことが特徴として挙げられる。分類された各項目内容に着目しても，例えば「共有体験」についての記述内容を含む手紙数は，横山（2004）では各園で1〜8通であるのに対し，本プロジェクトでは2019年度が2園合計で41通，2020年度が35通あった。横山（2004）では，手紙を書く環境を常設しているか否か，一斉に手紙を書くためにクラス単位で設定された時間の有無などの条件が異なる4園からデータを収集しているが，いずれの園でも本プロジェクトのような介入的なスタイルは導入されていない。

　以上の結果をふまえると，手紙を書く活動を介して書き言葉の表現のレパートリーを拡張するためには，従来から指摘されてきた識字能力の獲得や手紙の形式理解，手紙を書く活動を支える園内の環境構成や「書く」ための時間の設定を超えて，次の点が鍵になるものと思われる。それは伝えたいメッセージ内容につながる遊び等の「共有体験」をいかに育むか，共有体験を目の前にいない相手とやりとりする機会としての書き活動を，子どもにとって必然性のあるタイミングで適切に環境構成できるかどうかであろう。プロジェクトの結果から更に示唆されるのは，これらの設定が，書き言葉の表現のレパートリーの拡大の前提となる，書き表現の絶対量の増加にも寄与しうることである。

2)　手紙のやりとりを通じて表現内容は深まったか

　文字による表現内容の深まりは，一般には子どもの経験の積み重ねに伴って

発達していくと考えられる。このことをふまえ，本プロジェクトでははじめに4歳児クラス・5歳児クラスという年齢群を説明変数として，カテゴリーごとに両者の差を検討するという先行研究と同様の分析を試みた。その結果，分類された手紙の記載内容は，全体として5歳児に多い傾向がいくつかの項目で確認できたものの，2020年度の「お礼」を除き，年齢群による統計的な有意差は確認できなかった。また宛先として相手の名前が書かれているか否か，「だいすき」「ありがとう」「またあそぼうね」等の定型表現の有無についても年度ごとに年齢差を検討したが，これも有意差は確認できなかった。これらの結果について，参加児の手紙の全体的な記述量，および個々の表現内容の変化の傾向を照らし合わせて考えられるのは，話し言葉から書き言葉へのコミュニケーションの移行のタイミングとその後の発達のペースには個人差が大きいことである。よって表現内容の深まりを検討するには，先行研究のようにクラスごとの年齢群で丸めた横断的な分析を行うのではなく，個々の変化に焦点をあてて分析する必要があるだろう。

　この観点から，4〜5歳児と2年間続けて本プロジェクトに参加した58名に対し，手紙によるやりとりの質の発達に着目して分析を行った。その結果，単なる手紙の交換，もしくは園で共有した活動についての言及にとどまっていた手紙でのやりとりが，書き言葉に固有の機能である，対面での情報共有を越えた手紙のみでの意思や情報のやりとりへと発展していることが統計的な有意差として示された。

　このような表現内容の深まりは，個々のケースにおける質的な変化としても確認できる。例えばある附属幼稚園男児のケースでは，4歳児では「いつもありがとう」という定型表現しか書けなかったのが，5歳児では「まえのおてがみありがとう。××のしょうらいのゆめわしょうぎのプロになることだよ」と，手紙のみで「しょうらいのゆめ」をやりとりする姿が現れた。同様に高松園舎女児のケースでは，4歳児では「またこんどいしょにあそぼうね」という定型表現のみの手紙を1通書いただけだったのが，5歳児では「…（中略）…クイズたのしかった　ここでくいず　あるトラックがあおりうんてんおしていました。さあそのトラックはなにけんにいくでしょう」と，大学生からの手紙に書

かれていた形式を真似て，子ども自ら手紙にクイズを書いて送る等，文字によるやりとりを楽しむ姿が見られた。これらの典型例の他にも，文字を介した対話の質の発達に関し，数多くの事例が見いだされた。

　これらの表現が更にその後，学童期にかけてどのように発達し，書き言葉の使い手としての自覚が子ども自身にいかに育まれていくか，このような発達的変化が生じるタイミングの個人差を規定する要因は何か等については，引き続き検討していく必要がある。しかしいずれにせよ，本研究の結果からは，具体的な相手と手紙を介してやりとりする機会を継続的に準備することが，書き言葉による表現の発達に寄与することを導いたと考えてよいであろう。まずは宛先となる相手を認識し，「おてがみありがとう」「だいすき」「またあそぼうね」等の定型表現を用いてやりとりそのものを楽しむことが，その後の多様な文字表現の土台となり，文字の機能を存分に発揮しての対話と，表現内容の深まりへと結びついていくことが示唆される。

3. 幼児期の初期リテラシー発達を促す保育実践の成立要件

　最後にこれまでの考察をふまえ，改めて幼児期の文字習得にインパクトをもたらしうる，初期リテラシー発達を促す保育実践の成立要件を整理したい。

　本プロジェクトの結果からは，「ぶんつうプロジェクト」によって，ふだんは文字に興味を示してこなかった子どもが，文字を使って伝え合う活動に自ら参加するとともに，そこでのやりとりが深まるに従い，書き言葉を中心とする表現のレパートリーが多様な形で広がっていく姿が具体的に示された。例えば第2節のエピソード4-2からは，幼稚園での遊びをきっかけに，それまで興味がなかった文字を用いた伝え合いを自ら楽しむ子どもの姿を読み取ることができる。またエピソード4-3からは，「書く」以外の手紙のやりとりに付随する諸活動を，保育における日常の遊びとして楽しむ中で，自ら手紙を書くことへの関心が高まり，文字を使った伝え合いが発展するさまを，エピソード4-4からは，文字を使ってのやりとりが深まるにつれて子どもの表現のレパートリーが拡大し，考えたことや感じたことを言葉のみでの伝え合うという，書き言葉の機能が獲得されゆくさまを読み取れる。

しかしながら本プロジェクトの設定は，アクションリサーチという介入的な
ものであり，協力者である大学生との手紙のやりとりを主としている点を含め
て，通常の保育現場で同じように実践を展開することは難しい。よってプロジェ
クトの成果を，個々の保育者が幼児の初期リテラシー発達を促す実践を創造的
に展開する際に直接生かすためには，改めて本章で取り組んだアプローチの成
立要件を一般的な形で抽出し，検討する必要がある。

　本書では幼児期の文字習得を，「かな文字が正しく読めるか否か」「名前がき
れいに書けるか」「拗音・促音等の特殊音節の綴りを間違えないか」といった，
幼児期から学童期初期で完結する識字能力の獲得としてではなく，学童期も含
め，それ以降の生涯発達の過程にも連続する課題から捉えることを試みている。
このことを検討するうえで，第3章までの成果をふまえて本プロジェクトにお
ける柱としたのは，習得した文字を使って自らの意思を表現し，伝え合う力の
発達という点である。

　初期リテラシー発達の社会的側面をこの観点から育むために，本プロジェク
トでは次の2つの視点に沿って手立てを準備した。1つは，現行の幼稚園教育
要領や保育所保育指針の理念である「子どもが自身の興味・関心に応じて自然
に学ぶ」文字という位置づけから一歩踏み込み，文字を使って実際にやりとり
したくなる場面と，それを支える人間関係を全ての子どもに準備したことであ
る。もう1つは，そのような場を一律に設定し，どの子どもにも同様にそれを
促すのではなく，あくまでそれを子ども自身が主体的に選び取れる機会として
設けたことである。この取り組みは，文字習得を促す既存の取り組みとしてさ
まざまな園で認められる，手紙や絵本コーナーに代表される文字と親しむ環境
を保育室に準備する等の，物的環境の構成を主とするアプローチや，ひらがな
の書き練習や手紙を書く活動，英語学習等の特定の活動に一斉に取り組む時間
を定められた保育時間として確保していく等の，文字や言葉に関する設定保育
を主とするアプローチの，いずれとも対照的な位置づけにあるといえる。

　その結果示唆されたのは，上記の2つの視点から準備された，①子ども自身
が言葉を介して伝えたくなる場の設定と，②そこでの表現を受けとめ，楽しん
でくれる相手の存在，③その相手と共に過ごし，互いの関係性を育む機会，④

それらを意識しアレンジされた道具立てを含む保育環境の設定，の4つの条件が，子どもの書き表現のレパートリーを拡大させ，幼児期の初期リテラシーを発達させる鍵となることであった。このときに特に考えておきたいのは，子ども自身が文字を使って伝えたくなる相手との関係性を育み，同時に伝えたくなる中身としての共有体験を自ら選び取っていくうえで，保育実践における日常の遊びの経験が大きな役割を果たしていたことである。子ども自身が好きな活動を自ら選び取り，そこで相手とコミュニケーションを深め，文字を使った伝え合いに発展する過程は，自由に遊ぶ場が土台になってこそ実現したものであろう。

　日常の遊びの経験とは，必ずしも文字に関わる遊びを直接経験することに限らない。それは文字や言葉に関わらないものも含め，多様な遊びの中でのコミュニケーションと，それらの活動を自ら選び取り，発展させていく経験を意味する。エピソードとして明示したように，実際に本プロジェクトでは，文字や言葉に直接関わらない遊びも含めた，園での友達や保育者，大学生とのコミュニケーションから「文字で伝える」活動へと発展した子どもの姿が数多く観察された。いっぽう，文字に関わる遊びに付随する，文字の読み書きと直接関わらない活動（例えば手紙のやりとり遊びの中での配達）を楽しむ中で，文字に関わっている他児や保育者，大学生の様子に刺激を受け，文字を使った表現活動へと巻き込まれる子どもの姿もまた繰り返し観察されている。

　Dyson（2020）も指摘するように，幼児の書き活動が発達していくうえで，遊びにおける経験は不可欠な土台となる。このことについて，これまで序章などで整理してきたように，日本の保育実践は「遊び」を介した総合的な指導を中心的価値に置く中で展開してきた。これらをふまえると，「遊び」をどのように捉え，保育実践の中で発展させていくかが，社会的側面に着目した初期リテラシー発達を促す保育実践を実際に創造し発展させていくにあたって，今後検討すべき主要なポイントとなるだろう。この問題について，次章以降で改めて考えていきたい。

第 5 章

リテラシーと「遊び」の関係
——日本の保育実践の文脈をふまえて

 第 1 節　残された問題は何か——「遊び」の検討

　保育実践を介した幼児期の文字習得の問題を，初期リテラシー発達の観点から検討するという目的に沿って，本書では幼児期の文字習得の実態把握（第 1 章），文字習得を支える保育者の指導観の分析（第 2 章），文字習得を含めた初期リテラシー発達を促す保育実践の国際比較（第 3 章）のそれぞれについて，実証的な知見を順次整理してきた。それらを受け，初期リテラシー発達の社会的側面に着目した保育実践の検討に取り組んだ第 4 章では，幼児期の初期リテラシー発達を促すためにどのような取り組みが成り立つか，それは文字習得に対し，実際にどのようなインパクトを与えうるか，その成立要件とは何かを考察した。4〜5 歳児と大学生が共に遊び，その後手紙を交換する「ぶんつうプロジェクト」と名づけたアクションリサーチによる資料収集の結果，明らかになったのは，①子ども自身が言葉を介して伝えたくなる場，②そこでの表現を受けとめ，楽しんでくれる相手，③その相手と共に過ごし，互いの関係性を育む機会，④それらを意識しアレンジされた道具立てを含む保育環境の 4 つの条件を整えることが，子どもの書き表現のレパートリーを拡大させ，初期リテラシーを発達させる鍵となったことである。

　その中で，子ども自身が文字を使ってやりとりする宛先となる相手との関係性を育み，伝え合いたい内容となる共有体験を自ら選び取っていく際に，特に大きな役割を果たしたのは，日常の保育実践における遊びを介しての経験であった。第 4 章で述べた「ぶんつうプロジェクト」からは，子ども自身が好きな活

動を選び取り，そこでペアとなった大学生とコミュニケーションを深め，その場で共に感じたり，考えたりしたことを，互いの文字を使った伝え合いへと発達させていった過程が，遊びを通じて実現した姿を読み取ることができる。この事実は，幼児であっても一定の条件が満たされれば，コミュニケーションの形式が話し言葉から書き言葉へと発達しうることを示唆している。その過程で子どもの表現のレパートリーが豊かになることは，文字を使って伝え合う主体としての自覚を子どもに育む第一歩となるだろう。

　幼児期の文字使用は，何もないところからいきなり発生し，発達していくのではない。これまで見てきたように，話し言葉によるコミュニケーションとの連続性をもちながら，やりとりの宛先となる相手が意識され，伝え合いたい内容が経験されることが出発点となる。幼児にとってやりとりの宛先となる相手との関係性は，共に遊ぶ中で自覚され，深まっていく。更にそこで伝え合いたくなる内容は，子ども自身が選び取った活動を，やりとりの宛先となる相手と共に楽しむことで，より前向きに経験され，自覚されていく。そのような経験を可能にする「遊び」を保育実践の中でいかに位置づけ発展させていくかは，初期リテラシー発達の社会的側面に着目し，文字習得を促す幼児期の保育実践をアレンジするうえで不可欠の課題だと考えられる。それは，子ども自身の興味・関心に関わりなく設定された活動や課題への取り組みを強いられる中で文字習得と向き合う経験とは，子どもにとって大きく異なるものとなるだろう。

　さて，これらの取り組みを保育実践として具体的に機能させていくためには，初期リテラシー発達を支える保育者と，その実践が埋め込まれているより広範な文脈を考慮し，問題を整理していく必要がある。そのうえで，実際に保育者が初期リテラシー発達を促す実践を展開し，環境を構成していくにあたり何をどう準備し，整えるべきかを検討することが求められる。

　これまで見てきたように，日本における保育実践では「遊びを通しての総合的な指導」に価値が置かれている。しかしながら従来，文字習得の問題については，「関心・感覚を育む」以上の言及は十分になされてこなかった。加えて「言葉による伝え合い」についても，文字習得との連続性という視点から積極的に考えられてきたとは言いがたい。

第5章　リテラシーと「遊び」の関係

　これらをふまえて本章では，初期リテラシー発達を促す新たな取り組みを，「遊び」に価値を置く日本の保育実践の文脈に埋め込む際に，考慮すべき条件は何か，という，本書における第5の問いを検討する。具体的には，次の2点から順次，文献を手がかりに検討を進める。1つは，初期リテラシー発達を促す保育実践を展開するうえでの「遊び」の役割をどのように考えていくかという点である。もう1つは，遊びを中心とする総合的な指導に価値が置かれるいっぽう，初期リテラシーに関わる活動が公式には強調されてこなかった日本の保育実践の文脈において，無理のない形で初期リテラシー発達を促す取り組みを位置づけ，それを実際に多くの現場で創造的に展開していくためには，どのような道具立てが必要かという点である。

第2節　初期リテラシーと「遊び」

1.「遊びを通しての学び」とは

　初期リテラシー発達を促す遊びの問題は，数多くの先行研究においてこれまでも繰り返し検討され続けている（David & Goouch, 2001; Dyson, 2003; Theodotou, 2018; Smith, 2021）。保育・幼児教育が「遊びを通しての学び」に価値を置いていること自体は，日本のみならず国際的にも共通する方向性である。しかし，そこで各々の実践者をはじめとする関係者が「遊びを通しての学び」に対しイメージする内容は，必ずしも誰にとっても同じではない。幼児期の文字習得を促す，初期リテラシーの社会的側面に着目した保育実践において，この「遊び」をどのように理解したらよいだろうか。初期リテラシー発達において遊びが主要な役割を果たしている，と考える際の論点の一つは，その際に想定されている「遊び」とは具体的にはどのようなものか，ということだろう。

　この問題は，保育・幼児教育の特徴を論じるうえで繰り返し耳にする「遊びを通しての学び」の問題として一般化することができる。例えばPyle & Danniels（2017）は，保育実践における遊びと学びの関係について，遊びを基盤とする学びの連続体（continuum of play-based learning）という，教師主導（teacher-directed）と子ども主導（child-directed）の軸から遊びの種類を整理した枠組

127

みを提案している。ここで示されている遊びの種類を「教師主導」から「子ど
も主導」への順に並べると，①ゲームを通じて・用いての学び（learning through
games），②遊びを通しての学び（playful learning），③（保育者と子どもで）協
働的に計画された遊び（collaboratively designed play），④（大人からの）言葉
がけ・問いかけのある遊び（inquiry play），⑤（大人は関わらない）自由遊び
（free play）となる。Pyle et al.（2018）はこの枠組みに基づき，保育実践におけ
る初期リテラシーと遊びの問題の検討を進め，遊びを通じてリテラシーを育む
ことの難しさを，初期リテラシー発達を促すための遊びの計画のしにくさとい
う点から論じている。よって直接教示（direct instruction）と遊びのバランス
がとれた形で，教師に導かれた遊び（guided play）を基盤とする学びが必要だ
と主張している。

　これらの整理と指摘は，初期リテラシー発達を促す遊びを支える働きかけを
可視化する点では一定の意義がある。Pyle et al.（2018）の立場に基づけば，初
期リテラシー発達を促す保育実践における「遊び」とは，基本的に保育者が定
めた方向性に沿って展開する活動になるだろう。しかし第4章までの知見とし
て導かれた初期リテラシー発達を促す遊びの役割を考えたとき，「遊びを通して
の学び」における「遊び」の理解は，このような保育者の主導によって展開さ
れる側面からのもので十分といえるだろうか。

　「遊びを通しての学び」の問題を考えるにあたっては，Pyle & Danniels（2017）
の整理に代表される「遊び」の特徴の理解とあわせ，「学び」の特徴を整理する
こともまた必要になるだろう。次項では「学び」のもつ一般的特徴を分析し，初
期リテラシー発達を促す遊びの問題を検討する手がかりを探ってみよう。

2．2つの「学び」という視点

　「遊びを通しての学び」というとき，その主体は言うまでもなく子どもたちで
ある。このことをふまえ，「学び」一般の過程およびその結果として子どもに何
が習得されるかに着目し，教える側の意図やそれを支える計画という点を考え
ると，そこで成り立つ「学び」は次の2つに整理される。

　1つは教える側がその中身を意識して計画的に働きかけ，その結果生じる「学

び」である。この典型例としては，小学校でいえば，教科書に表され，「めあて」として黒板に明記され，テストでその習得の様相が評価される内容に関する「学び」を挙げることができる。標準化された到達目標と，それに対する評価という構造の中で想定されているのは，基本的にこの「第1の学び」だと考えられる。

いっぽうで「学び」の過程には，教える側が当初意図した範囲を超えて，結果的に成り立つ「学び」がもう1つ存在する。それは例えば，教授された内容を超えて子どもがつかんだ「こうすればうまくいく」という工夫や，教授された相手に対する「こんな人に教わればいいんだ」という気づき等が該当する。この「第2の学び」は，大人が教えようと思っていなかったことを，事前の想定を超えて子どもが自分なりにつかみとり，わかっていこうとする構えの獲得として描くことができる。

この「第1／第2の学び」は，例えば小学校の教室で生じるのは第1の学び，といったように，特定の場面や活動と結びつく特徴ではない。いわゆる教育の場以外も含めて，教え－学びが成り立つあらゆる関係一般で想定できるものだといえよう。例として挙げた，教科学習が展開される小学校の教室の中でも，教える側の当初の想定を超えた子どもの気づきや構えの獲得は頻繁に生じているはずである。そう考えると「学び」を分析するうえで問題となるのは，どのような教え－学びの場であれ，教える側が相手の「学び」の結果をいかに想定し，それを理解し，評価しようとしているかになろう。

このことは，保育実践における「遊びを通しての学び」をどのように捉えるかにも深く関わる。保育実践における遊びの特徴を幅広く検討している加用（1990）が，遊びの対義語の一つとして「退屈」を提起しているように，遊びとはそもそも，子ども自身が当該の活動に自ら没頭していく過程と切り離せない。そう考えると，保育実践における遊びを通じて，子ども自身が自由に活動を選び取る中で「学ぶ」際には，「第1の学び」以上に，子ども自身の工夫や気づきと連なる「第2の学び」の側面がより色濃くめばえるということができるだろう。次項ではこの2種類の「学び」に基づき，初期リテラシー発達を促す保育実践における遊びの役割をどのように理解できるかを改めて考えてみたい。

3. 初期リテラシー発達を促す「遊び」の役割

「第1の学び」と「第2の学び」を仮定し，この2つの学びの側面から，改めて初期リテラシー発達を促す遊びについて考えてみたい。このとき，その特徴を「第1の学び」の観点から保育者が主導し定める方向性に沿って展開する活動としてのみ理解するのでは，「遊び」の役割とそれに伴う「学び」の理解が，一面的なものにとどまる可能性がある。

例えば遊びの中で，子ども同士の自由なやりとりが発達していく方向性は実際には予測しがたい。このとき遊びの特徴を，保育者が定めた方向性に展開するものとして捉えるだけでは，大人の事前の想定を超えた第2の学びとして発揮されることの多い「遊びを通しての学び」への評価が十分になされないことになるだろう。その結果，保育実践の中で自ら選び取った遊びを自由につくり上げ，コミュニケーションしていく機会を子どもは得にくくなる，また大人は子どものそのような姿を捉え，評価しにくくなることが考えられる。

第3章でまとめた，イングランドのプライマリースクールでの教師・保育者へのインタビュー結果が示唆するのは，「遊び」に対する理解が保育者の考える「学び」の方向性に沿ってのみ位置づけられた場合，遊びに対する保育者の評価と，それに基づく環境構成や援助が，事前に定められた指標（pre-determined list）の制約を受けて展開することが避けられないという事実である。そのような中では，たとえ学びの環境が"楽しく"設定されていたとしても，子どもへの評価のまなざしは事前に設定された指標のみに向きがちになり，大人の予想を超える子どもの姿を捉えにくくなることが考えられる。加えて事前に定められた評価指標において，初期リテラシーの社会的側面が仮に十分に意識されていないとすれば，その結果，保育における遊びを介して，子どもが自らコミュニケーションする姿を捉え促すことは，よりいっそう難しくなる可能性があるだろう。

「遊びを通して，保育者の定めた方向に沿って楽しく学ぶ」ことと「子ども自身が遊びそのものの楽しさを深め，その結果として学ぶ」ことは似て非なるものである。遊びを通じて初期リテラシー発達を促すとは，保育者が事前に想定

するリテラシーに関わる知識・技能を，遊びを使って楽しく教えることだけではない。それは子ども自身が選び取り，展開させていく具体的な遊びにおいて経験される，コミュニケーションと表現のレパートリーの広がり，およびそれによって発達する，文字を使って伝え合う主体としての自覚を子どもに育んでいくことである。その結果獲得される構えとは，学んだことを用いて活動する自身に対する自覚，すなわち子どもの学び手としてのアイデンティティ（Carr & Lee, 2012）の発達として理解できる。学び手としてのアイデンティティは，その場の状況をいかに取り込むかではなく，複数のコミュニティを行き来する等，場と場の境界を横断して問題に取り組むことを通じて構築されていく。文字習得を含む初期リテラシーに関するこの「学び手としてのアイデンティティ」の発達とは，Dyson（2013）をはじめとする先行研究に描かれている，自身の意思を表現する主体としての，文字の使い手としての自覚の発達に結びつくものとして位置づけることができるだろう。

　このことをふまえると，保育実践を通じて初期リテラシーの発達を促すにあたり，保育者に導かれた遊びだけでは，初期リテラシーの社会的な側面に深く関わる，活動における自立した「学び手」としての子どもの姿を引き出し，評価することが困難になると考えられる。とはいえ，子どもの日常の遊びや生活の中に埋め込まれた初期リテラシーに関わる経験を適切にアレンジし，評価することが容易ではないこともまた事実である。次節では，そのための実践に必要な道具立てとは何か，それが満たすべき条件を改めて探る。

第3節　「遊び」の発展から初期リテラシー発達を促す

1.「遊び」の発展を支える条件

　初期リテラシー発達を促す保育実践を実現するうえでの課題について，「遊び」をキーワードとして検討する中で，これまでに整理した内容は，保育者によって事前に定められた学びの内容を"楽しく"習得するための道具としての「遊び」ではなく，子ども自身が発展させる「遊び」そのものの保障が求められることであった。それは大人の予想を超える姿も含め，子どものコミュニケー

ションと表現のレパートリーを広げる形で初期リテラシー発達を促し，文字を使って伝え合う，学び手としてのアイデンティティの形成へと結びつく。そこから考えると，日常の保育実践を通じて初期リテラシー発達を促すために必要となるのは，そのような遊びを子ども自身が発展させる過程を捉えるとともに，それを促すための具体的な方法ということになる。

　遊びを子ども自身が発展させる過程とは，保育実践における遊びの質をどのように捉え，高めていくかという問題に言いかえられる。そのような過程を促す方法が満たすべき条件として，次の2つを考えることができよう。

　1つはその方法が，遊びを子どもの視点から捉え，その探究を支えるものとなることである。保育における遊びの指導から遊び論を考察している河崎（1994）は，遊びとはある活動が「あそびなのか，仕事なのか，あるいは活動なのか」という活動的視点から問われるものというより，「自我の揺れ動き」や「あそび心」といった態度的側面が遊びを遊びたらしめる本質的な核であり，遊びを追求するうえでの鍵となることを指摘する。また日本保育学会課題研究委員会（2014）は，遊びの質が高まる保育の方向性に関する調査において，能動的に人やモノと関わることで，子ども自身が自分なりの脈絡を見いだして次の課題を引き出していること，偶発的なできごとや情報，あるいは偶然に出会った環境を取り込み合いながら，「面白さ」という内発的動機に支えられて展開することを，遊びにおける幼児の姿として示している。

　これらからは，保育における「遊びの質」に，「自我の揺れ動き」や「面白さ」に代表される，遊び手である子ども自身の視点が深く関わっていることが見えてくる。よって遊びの質の高まりを支えるためには，遊びの外側に立ってその質を評価する方法ではなく，子ども自身の視点に立ったうえで，遊びの場を子どもが選択し，それを更新する過程を捉えると同時に，その支えとなる方法が求められるといえるだろう。

　このことに加えもう1つ考えておきたいのは，その方法が遊びの質の高まりを支える保育実践を展開するうえで，保育者にとって有用なものであり，継続して実行可能で，かつ取り組みたくなることである。

　保育実践における遊びは，子ども自身が選択し，つくり上げていくものであ

るいっぽう，その選択における前提条件となる環境構成には，当然のことながら大人によるアレンジが不可欠である。第4章で展開したアクションリサーチを例に挙げれば，大学生と共に遊ぶ場の設定，「ぶんつう」を可能にする保育室内の環境構成等を進めていくためには，その時点で進行している遊びにおける子ども自身の選択と，それが更新されていく過程を，保育者が的確に把握していくことが必要となるだろう。したがって遊びの質の高まりを支える環境を適切に構成していくには，子どもの活動を特定の一時点の記録として詳細に把握するより，遊びの選択と更新の経過を一定期間にわたり実際に追いかけ，その取り組みを継続できる方法が求められる。

その際に考慮する必要があるのは，何より実践者である保育者自身が，子どもの遊びを支えていくにあたり，今後の手立てに向けて有用性を感じられるか，また同時に無理なく続けていける条件があるかという点である。日本の保育現場においては，子どもの遊びを捉える保育記録の重要性が強調されるいっぽう，そのための時間が十分に保障されない保育条件があることは以前から繰り返し指摘されてきた（渡邉, 2013）。このことは日本で行われている保育の質評価を整理している箕輪（2009）が，保育記録を用いた評価の課題として，保育者の負担軽減の必要性を指摘していることと重なる。子ども自身が発展させる遊びを支え，促す方法は，日々保育実践に忙しく奮闘している保育者にとって続けることが可能であり，かつ実践したくなる手法であることが，もういっぽうの条件として求められているといえる。

2. 「遊び」の発展を支える方法

「子どもの視点から遊びを捉え，その探究の過程を支える」「保育者が継続して実行可能なものである」という前項でまとめた2つの条件をふまえたとき，具体的にどのような手法であれば，これらを満たす取り組みを可能にするといえるだろうか。

Dahlberg, Moss, & Pence（2013）は，前節で整理した「第2の学び」に相当する，子ども自身が遊びの中で発見し，活動をつくり上げていく過程を意味生成（meaning-making）と呼び，それを支える保育実践の評価方法として，ド

キュメンテーション（pedagogical documentation）を用いた手法を提起している。標準化された達成基準ではなく，エピソードを基盤に保育における子どもの姿を捉えようとするこの手法は，イタリアのレッジョ・エミリア市で展開されている保育実践で用いられているドキュメンテーション（Rinaldi, 2006）に始まり，子どもの学びのプロセスを見とろうとするニュージーランドの「学びの物語（learning story）」（Carr & Lee, 2019）をはじめ，就学前に限らず教育実践現場で広く活用例が見られるポートフォリオ等，国内外で多様な形式で発展してきた。

　これらの取り組みは，基本的に「子どもの視点を探究する」ことを企図して，いずれも写真を活用しつつ，子どもの学びや育ちの軌跡を文字でまとめて振り返り，追跡・記録する試みである点で共通している（請川・高橋，2016）。いっぽうでそこには，写真に添えられたエピソードや解説文等，一定量の文章が付加されている場合が実際には少なくない。したがってこれらの手法は乳幼児を対象として含みつつも，その主な宛先として想定しているのは，実際には保育者・保護者等の大人だといえるだろう。

　これに対し本章で検討してきた，初期リテラシー発達を促す遊びの質を捉えると同時に，それを子ども自身が遊びを発展させたくなる支えとして機能させる必要性，という点をふまえると，そこにおける評価方法は何より，遊びの当事者である子どもに向け，自らの姿を振り返るきっかけを提供することで，遊びそのものの生成・発展を促す形式であることが望ましい。その一例として挙げられるのは，筆者が松本（2014）にて紹介した，愛媛県の鶴城幼稚園で展開されている「振り返りボード」を用いた保育実践である。そこでは子どもたちが日々の遊びの姿を互いに共有できるよう，遊びの様子や遊びの中でつくった作品の写真を，保育室内のボードに掲示する試みがなされている。

　保育における子どもの姿を捉えようとする多くのドキュメンテーションのように文章を介したものではなく，この「振り返りボード」の例のような写真を中心とする記録であれば，その宛先を子どもにすることが可能だと考えられる。次章ではこのことをふまえ，「第2の学び」の側面を含み込んで初期リテラシー発達における遊びを支えていくことを念頭に，保育実践における遊びの質を捉

え高める方法を検討する。それは，日本における遊びを中心とした総合的な指導に価値を置いた保育実践とも，無理のない形で調和する可能性をもった方法といえるだろう。

第6章

伝え合いたくなる機会をつくり，育む
―― 遊びの発展を支える方法の探究

 第1節　遊びの発展を支えるにあたって

　第5章では，初期リテラシー発達を促す保育実践における遊びの役割を考察し，遊びを中心とする総合的な指導に価値を置く日本の保育実践の中で，初期リテラシー発達を促す取り組みを無理のない形で位置づけ，展開するために必要な条件を論じた。そこから提案されたのは，日常の保育実践における遊びの様相を的確に捉えることで，子ども自身が選び取った遊びを発展させる支えを提供する，形成的な方法の必要性である。その条件として挙げられたのは，①子どもの視点から遊びを捉え，その探究の過程を支えるものであること，②保育者が継続して日常的に実行可能なものであること，の2点であった。これらを満たしうる方法として提起されたのは，子どもの遊びにおける意味生成や学びの過程を評価する方法として，国内外でさまざまな形で取り組まれているドキュメンテーションを，写真を用いて遊びの当事者である子どもに向けて提供する試みである。

　第6章そして第7章では，これらの条件をふまえ，本書の第6の問いである，保育実践を通じて「遊び」の発展を支え，初期リテラシー発達を促す効果的な方法を探究する。そのためにまず取り組むのは，初期リテラシー発達を促す保育実践の展開において鍵となる「遊び」を子ども自身が発展させることで，子ども同士や保育者とのコミュニケーションを深めていくことをねらいとした形成的評価方法の提案と，その効果の検討である。

　保育実践において「遊び」をどう考えるかの問題は，リテラシーに限らず，保

育における子どもの生活や育ち全般を保障するうえでの，最も基本的な課題の一つとして議論が重ねられてきた（日本保育学会課題研究委員会, 2011）。遊びにおける子どもの経験や学びを的確に捉え，次の計画そして実践へと結びつけるにあたり，「遊び」そのものをいかに把握し，理解するか，またそれをどのような方法で評価することが可能かは，評価結果とカリキュラムとの結びつき，また小学校への移行の問題等を考察するうえで，国際的にも重要な論点として知られている（OECD, 2015）。

　保育における「遊び」の問題を検討する際に特に考えておきたいのは，遊びを中心とする総合的な指導に価値を置く日本の保育実践になじむ，実現可能な方法とは何か，という点である。この「遊び」を把握するうえで一般に考えられるのは，個々の遊びが取り組まれているか否かというチェックリスト的な形で遊びを捉える方法と，遊びの変容や発展を，ドキュメンテーションに代表されるエピソード記録を中心に捉える方法であろう。箕輪（2009）はこの両者について，前者は客観的で情報共有しやすいいっぽうで，具体的な実践には反映させにくい側面をもつのに対し，後者の特徴として，保育者が自らの保育を丁寧に振り返ることができ，それによって以降の保育方針を確認し，実践へと結びつけやすいことを指摘する。

　初期リテラシー発達を促す遊びの発展を支える，という点からふさわしい方法とは，何より実践者である保育者自身が，遊びを中心とする総合的な指導を介して初期リテラシー発達を促す過程において，有用性や手応えを感じられるものである必要がある。よって本章では，上述した分類のうち後者にあてはまる，ドキュメンテーションをアレンジした手法を用いる。その際，第5章の最後に検討した方向性をふまえ，Walters（2006）などで取り組まれている，フォトドキュメンテーション（photo documentation）として知られている手法を応用し，幼児に宛てた写真を中心とした保育記録法による遊びの記録と評価を，第4章と同様の保育者と協働してのアクションリサーチ「しんぶんプロジェクト」として実践することとする。

　「しんぶん」と名づけられた，遊びに焦点をあてた写真を主とするクラスだよりを用いた試みにおいて，初期リテラシー発達の社会的側面に働きかけること，

また序章で触れた生態学的発達論からの示唆に基づき，日本の保育実践の文脈に無理なくなじむことを考慮し，次の2点をその特徴として設定した。1つは，一般のドキュメンテーションのような個々の子どもの遊びや学びの記録ではなく，クラス全体の子どもの遊びを対象としたことである。もう1つは「しんぶん」の宛先を，保護者などの大人ではなく，子どもにしたことである。本章の目的は，子どもの視点に沿って遊びの発展を促すことを企図している「しんぶん」が，保育実践において子ども自身が遊びを選び取ること，その遊びを保育者や子ども同士で共有し，発展させる中で互いのコミュニケーションを深めたり，表現のレパートリーを広げたりすることに，実際にどのように寄与するかを探ることである。あわせてこの写真を用いたドキュメンテーションという形式の保育記録法が，一般的な保育実践現場において，遊びの発展を支える方法として無理なく取り組めるものであるかを，実践に基づき検証していく。

第2節　写真を用いた記録と評価方法の試行── しんぶんプロジェクト概要

「しんぶんプロジェクト」は，第4章で紹介したぶんつうプロジェクトの協力園でもあった香川大学教育学部附属幼稚園（3〜5歳児各1クラス／全定員78名）にて，2014年より継続実施されているアクションリサーチである。研究全体の計画・実施と統括を筆者が主導し，クラス担任である保育実践者との共同で進められている。本章では，2014〜2015年度に3歳児および5歳児クラスにて，プロジェクトの共同実施者である担任保育者2名によって作成された「しんぶん」を分析の対象とした。1名は2014年度に3歳児クラスを，2015年度は5歳児クラスを担任していた。またもう1名は，2014年度に5歳児クラスを，2015年度に3歳児クラスを担任していた。

「しんぶん」は保育者が保育中に常時携帯している，記録用の小型デジタルカメラで撮影された写真（1日あたり約20枚）の中から選ばれた3〜7枚程度の写真で構成される，おおむねA3サイズの，子どもを宛先とする保育記録である（図6-1）。個々の子どもではなく，子どもの集団での遊びや活動の場面を対

図 6-1　作成された「しんぶん」の例（5歳児クラス）
注：筆者撮影（2016年1月）。

象としており，「〇〇ぐみしんぶん」の名称がつけられている。発行頻度は2014年度の5歳児クラスでは27枚，3歳児クラスでは22枚で，11月から2月にかけてランダムに作成された。また2015年度においては，5歳児・3歳児クラスともに，5月から3月の間の休業日を除くほぼ毎日作成され，1クラスあたり約150枚となった。

　保育者にとってできるだけ負担感なく，日常的な保育実践の振り返りの延長として「しんぶん」を作成してほしいという意図から，作成者による写真の選定にあたって，当日の遊びの写真を使用すること以外，特別な制約は設定されなかった。写真には子どものつぶやきや保育者の思い，簡単なイラスト等がキャプションのように添えられることもあるが，必須ではない。作成時間は保育終了後，もしくは翌朝の計20〜30分程度であり，作成に慣れるにつれ，所要時間はより短くなった。子どもへの掲示は翌朝である。

　掲示される場所は保育室内の子どもに見えやすい位置に基本的に固定されており，日付の新しいものを上から重ね貼りすることで，ページをめくると時間をさかのぼり閲覧できるようになっている（図6-2）。

　以下に紹介する事例は全て，共同研究者である2名のクラス担任をはじめと

第 6 章　伝え合いたくなる機会をつくり，育む

図 6-2　閲覧する子どもと保育者（3 歳児クラス）
注：クラス担任保育者撮影（2015 年 5 月）。

する対象園の保育者によって，基本的に毎日収集されている保育記録から書き起こされ，全教職員が参加する園内研修会において検討されたものに基づいている。「しんぶん」の実施期間中，筆者は可能な範囲で定期的に幼稚園を訪問し，子どもの遊びの様子についてフィールドノートによる記録を試み，上記の資料を補足した。あわせて担任保育者 2 名に対し，「しんぶん」作成の当事者としての視点に基づく振り返りを意図し，プロジェクトの終了後にインフォーマルなインタビューの機会をもった。これについては，子どもの遊びを支える道具としての「しんぶん」の効果と保育者にとっての課題という観点から，取り組みのありようを振り返る手がかりとした。

　第 3 節　遊びの発展を支えることから何が見えてきたか

　アクションリサーチ形式での資料収集の特性と研究目的をふまえ，本節では①「しんぶん」の導入，②「しんぶん」と遊びの展開，③「しんぶん」と対話，の 3 つの視点から 10 のエピソードを抽出・紹介し，考察を進める。

141

1. 「しんぶん」導入直後の変化

　「しんぶん」の導入により引き出された姿として第1に挙げられるのは，年齢を問わず，「しんぶん」に対し子どもたちが熱心に興味を示す様子であった。例えば5歳児クラスでは，子どもたちが「しんぶん」を見て「おれ，ここに写っとる！」という会話が多く観察されるようになった。エピソード6-1は「しんぶん」の取り組みを開始した時期の5歳児の様子である。

> **エピソード 6-1**
>
> 　5歳児　2014年11月17日
> 　みずたまりに足を入れて遊んでいる女児2人は「ふりふりふり」と言いながら水がついた足をぶらぶらさせて楽しそうに笑い合い，「先生，このこと"しんぶん"に書いといてや！」と担任に話しかけた。

　同様に3歳児クラスにおいても，「しんぶん」を掲示して最初の1週目は特に，それまで保育室になかった「しんぶん」の写真を熱心に見る姿が多く見られた。ここからは，「しんぶん」が子どもの生活の中に組み込まれることで，おのずとそれが子どもの関心を惹くことへとつながったことがわかる。

　また，このような「しんぶん」への興味が，特に年度当初，自分が嬉しかったことや遊んでいたときの楽しさを思い出すことへと結びつき，それによって園生活の安心感が引き出されたと思われるケースが観察された。以下は3歳児クラスにおける例である。

> **エピソード 6-2**
>
> 　3歳児　2015年5月28日
> 　4月の入園当初は不安で涙を流して登園していたA児。この頃は「きぐみ（3歳児クラス）しんぶん」を見ることが日課になり「先生ほら！　僕が写っとるで！」と笑顔いっぱいに話しかけてきたり，ブロックで満足のいくものができたときに「写真撮らんの？」と催促するようになった。

第6章　伝え合いたくなる機会をつくり，育む

　　またB児は，「しんぶん」にあるかくれんぼの写真を見ながら「楽しかっ
　たね。みんなでかくれたね！」と保育者に話しかけ，前日の遊びを笑顔いっ
　ぱいで振り返っていた。「今度はもっと上手にかくれるけん！」と意気込む
　保育者に「B児だって！」と返してきた。

　特に3歳児は，今，目の前の「しんぶん」に自分が登場しているかいないか
が，「しんぶん」に対する子どもの興味に反映される様子が掲示開始当初に多く
見られた。「しんぶん」が作成・掲示されなかった日には，それに言及する様子
は観察されなかった。同様に5歳児も，「しんぶん」の実践を始めた際は，エ
ピソード6-1に見られるような「自分が写っているかどうか」という視点が多
かった。だが「しんぶん」に慣れるにつれて，当初のように前のめりになり，指
をさしてまで「しんぶん」を見る姿は，5歳児，3歳児ともに徐々に少なくなっ
ていった。
　いっぽうエピソード6-2では，自分が写った「しんぶん」の存在が，特に3
歳児において子どもの興味と，それに伴う保育者との対話を喚起したことが読
み取れる。徐々に引き出された園生活への前向きな構えは，「しんぶん」を一つ
のきっかけに育まれたものとして理解できよう。

2．「しんぶん」から遊びのつながりへ

　「しんぶん」による第2の姿として挙げられるのは，「しんぶん」を介して，子
どもの遊びが時間を超えてつながっていく様子である。以下に3歳児・5歳児
それぞれに典型的な例を挙げる。

　エピソード 6-3

　　3歳児　2016年2月14日〜16日
　　金曜日，子どもたちは園庭で「バーベキュー遊び」を楽しむ中で，そこで
　使っていた園庭のウッドデスクの穴に砂を入れると，デスクの下に砂の山が
　できることを発見した。週明けの月曜日，それを「しんぶん」に取り上げた

143

ところ，昼食を食べ終え，遊びに行く前に帰宅準備をしていたC児。ふと「しんぶん」に目をやり，「あっ！ 今からこれしよう，先生！ ほら，昨日のバーベキュー！」とはしゃいだ大きな声で言う。一緒にバーベキュー遊びをしていた他児にも聞こえたのか「私も遊ぶ！」と声がする。C児は他児が片づけ終わる間，「ほら，先生見て！ これ，バーベキュー」と嬉しそうに写真を指さして教えている。

　その日，翌日と続けた3日間の成果から，ついに砂山はデスクの真下まで到達した。子どもなりにこれまでの遊び経験から，水を加えてみる等，試行錯誤した力作である。「しんぶん」を見るときのC児たちの楽しそうな雰囲気のせいか，この遊びは多くの子どもたちが加わるものとなった（図6-3）。

図6-3　「バーベキュー遊び」での"発見"（3歳児クラス）

　この「しんぶん」をきっかけに膨らんだ仲間同士の遊びは，更に複数人での滑り台遊びへとつながった。その様子を「しんぶん」に載せると仲間に加わる子どもが更に増えていった。1日目は「〇〇ちゃん，次，後ろ来て！」と友達の名前を呼んでいたのが，2日目からはもう何をしているのか互いに了解しているようで，滑り台で数名子どもが固まっているのを見ると，どんどん他児が加わっていった。「あ，あれをしているんでしょ」と心の声が聞こえてきそうな笑顔で子どもたちが仲間に加わるのが面白い。言葉には出さないが「しんぶん」が仲間や遊びをつなぐ役割をしているように見えた（図6-4）。

第 6 章　伝え合いたくなる機会をつくり，育む

図 6-4　遊びに加わる人数が増える
左：1 日目，中：2 日目，右：3 日目
注：クラス担任保育者撮影（2016 年 2 月）。

エピソード 6-4

5 歳児　2015 年 9 月 9 日

　2 学期より新しく体操遊び（体操の技を取り入れ，音楽に合わせて踊る）を始めた女児たち。自分もその遊びをしてみたいと憧れの気持ちを抱き様子を見つめていたD児は，少しずつその遊びに加わろうとし始めた。
　「しんぶん」にその様子を取り上げた翌々日，日付順に重ね貼りされた「しんぶん」をさかのぼって見ていたD児は，「しんぶん」の前に友達を呼び，体操遊びをしている自分たちの写真を指さして楽しそうに会話した後，「この続きをしよう！」と友達を誘い，笑顔で遊び始めた。その後D児は毎日のように，マットの上で側転・ブリッジ等に積極的に挑戦する姿を見せた。

　「しんぶん」の作成にあたり，一日に撮影された写真の中からどれを選んで「しんぶん」に掲載し，子どもたちにフィードバックするかは，作成者である保育者に委ねられていた。その手続きはいわば，各クラスにて降園前に行われている「帰りの会」などの集まりで，保育者が子どもたちに問いかけ，会話しながら「今日はこんな遊びが楽しかったね」「こんなこともあったね」と振り返り，確認する過程と類似している。両者の相違点は，言葉によるフィードバックが，

145

今まさに進行中の会話の中で瞬時に行われる即興的な事象であるのに対し，「しんぶん」によるフィードバックは，それが物理的な形として残ることで，作成者である保育者にも，受け手である子どもにも，選択と考察の余地を与えうる点であろう。

エピソード 6-3 は 3 歳児の姿である。この時期はいわゆる「自己中心性」とも称される，目の前の事象から影響を受けて行動しやすい認知発達段階であることとも関連して，週をまたぐ形では遊びがつながりにくいことも一般には多いと考えられる。そのような背景をもつ 3 歳児クラスにおいて，C 児の遊びへの思いが「しんぶん」によって喚起され，熱中する様子は当該の遊びに他児を巻き込むことになった。これまでの遊び経験とも関連し，考え，工夫し試す姿が子どもたちに広がり，加えてこのことが同じ仲間との別の遊びの展開につながった事例である。

また 5 歳児の様子を記したエピソード 6-4 は，これまでの体操遊びへの取り組みの履歴が，「しんぶん」とそれを介しての会話によって思い出されたことで，更に熱中して遊び込む姿が促された様子が示唆される事例である。ここからは，「しんぶん」が遊びに対する思いを再び膨らませる，遊びの内容を具体的に思い出させるなどへと結びついた結果，子どもの年齢によらず，遊びの場の更新と，時間を超えての熱中が引き出されたことが読み取れる。

3. 「しんぶん」から対話の発展へ

「しんぶん」による第 3 の姿として，「しんぶん」が他児の遊びへの気づきを促し，それをきっかけにした他児や保育者とのやりとりが遊びの発展へと結びついた様子を挙げることができる。以下に例を示す。

エピソード 6-5

3 歳児　2015 年 6 月 4 日

「あ，見て！　○○くんや！」と「しんぶん」をめくりながら喜ぶ E 児。4 月までさかのぼって「しんぶん」を見ているようだ。「ほんまやー」と隣で保育者が一緒に見ていると「これは工事中のやつやで」と，コルク積み木と

第 6 章　伝え合いたくなる機会をつくり，育む

マットで遊んでいる自分と友達の写真を見つけて説明してくれる。

> エピソード 6-6

　3 歳児　2015 年 9 月 28 日

　F 児が「しんぶん」の中の一枚の写真を指さし「今日，これするんだ！」と意気揚々と伝えてきた。友達が昨日遊んでいる写真だ。一緒に遊んでいたわけではなく，F 児は写っていない。

　そこへ G 児がやってきた。F 児がもう一度「このうどん屋をするん」と口にする。すると昨日その遊びをしていた G 児が「これはな『ピクニック』なんで」と言う。F 児が「えっ？」と意外だという顔で G 児を見る。そして「僕はこれがつくりたいんや」とピクニックの写真の中の，友達が手にしているうどんをしっかりと指さした。G 児は F 児の指さしている写真を近づいて見ながら，視線は「しんぶん」にある他の写真へと移っていった。F 児が外で遊んでいる写真だった。そして「F くん，これ何しょん？」と聞く。F 児は「ジュース屋さんだよ」と答える。しばらく 2 人は写真を眺めた。そして F 児は有言実行でうどんをつくり始めた。G 児はピクニック遊びを始めた。

> エピソード 6-7

　3 歳児　2015 年 11 月 5 日

　H 児が昼食の途中に「I くん，一緒にこれしようよ」と「しんぶん」を指さしに行く。「どれ？」と I 児も「しんぶん」に向かう。指さす写真を見て「あーこれな！　しよしよ！」と盛り上がる。でもその遊びは，H 児も I 児もしたことがない。同じテーブルで昼食を食べていた J 児や K 児も「しんぶん」の前に集まっていた。

　そんな会話を聞いていた K 児が「いいよ」と言う。実は写真にあるその遊びは，K 児がしていたままごと遊びだった。

147

エピソード 6-8

3歳児　2015年2月4日

前日，前々日と休んだL児。シールを貼るときに「しんぶん」を見る。そして「しんぶん」にある写真を見ながら「先生，Mくんはこれ，何をしているの？」と尋ねる。保育者は「昨日ね，お団子つくったんだよ」と返した。

この日は朝から誕生会だった。思い思いに遊ぶ時間は10時過ぎからとなる。誕生会後，昨日の続きで団子づくりに向かう子どもたちの中にL児もいた。「お団子つくろう！」と張り切って言うM児。L児はそこから少し離れた場所で「Lもミートボールつくる」と同じように張り切っていた。

エピソード 6-9

5歳児　2016年1月25日

月曜日。前週の遊びの中で，スパンコールを使って雪の結晶をつくった写真を「しんぶん」に載せた。それを見た女児の数人は写真を指さし「うわあ，きれい！」「誰がつくったんやろう」「誰かはわからん」等と話している。するとN児が「なあ，これ，あとでしよう」とO児を誘った。

この会話の後，クラス全体でオニの製作をしたが，N児はオニをつくり終えた後，保育者のところにきて「先生，あれつくりたい」と「しんぶん」を指さして言った。そして実際につくって遊んだ。

エピソード 6-10

5歳児　2015年9月16日

園庭の桜の木にカマキリの卵のうを見つけたP児。写真に撮り，本物かどうかを図鑑で調べていると，それを見ていたQ児が，「みんなに知らせたらええやん」と，見つけたことを「しんぶん」で皆に伝えてはと提案した。

その提案を受け取ったP児は，プリントした写真とコピーした図鑑のペー

ジを使って伝えたい内容を切り貼りして文字を書き加えつつ、自分の発見を発信するための「しんぶん」をつくった（図6-5）。その「しんぶん」は誰もが見える場所に掲示され、その日の帰りにクラス全体にも紹介された。

図6-5　自ら「しんぶん」を作成するP児（5歳児クラス）

　これら一連の事例に代表されるように、「しんぶん」の果たした役割の一つとして、遊びにおける子ども間の対話を時間・空間を超えて促したことが挙げられる。エピソード6-5は、「しんぶん」を見ながらの保育者との会話で、登場している他児の名前を徐々に口にするようになった3歳児の様子である。このような他児への着目が、その後の子ども間の具体的なやりとりの土台となるのだろう。そうしてめばえた子ども間の対話は、エピソード6-6, 6-7にあるように、「しんぶん」を介して更に豊かになると同時に、互いの遊びの内容への気づきや、更に新たな遊びを始めるきっかけとなっていく。時にそれは、エピソード6-8に見いだされる、保育者との会話を通した、他児そして自己との間接的な対話ともつながっていく。エピソード6-6や6-8のように、この時期の最終的な遊びはいわゆる平行遊びとして展開することも少なくないものの、これらの事例からは、「しんぶん」がそこに至る過程における対話をさまざまな形で支える機能を有していることがうかがえる。

　またエピソード6-9に代表される5歳児においては特に、日付順に重ね貼りした「しんぶん」を閲覧した後、友達との遊びに自分から参入していく姿や、3連休等の通常より長い中断期間を越えてもその前と同じ遊びを続けようとする姿など、「しんぶん」と遊びが連動して展開する様子が、抽出事例以外にも幅広

く観察された。その際,「しんぶん」には必ずしも閲覧者自身が写っているわけではなかった。事例からは,遊びへの注目と振り返り,自分が参入していなかった遊びへの共感が「しんぶん」を介し可能になることで,子ども間での対話が深まり,新たな遊びの場の選択と参入,またその継続・更新の過程が引き出されたことが読み取れる。

いっぽう,対話とコミュニケーション,初期リテラシーとの結びつきという観点から特に目を引くのは,子どもが自ら「しんぶん」を作成し,気づきを発信したエピソード6-10である。「しんぶん」の取り組みを経て,写真や文字で情報を発信し,時間を超えて子ども同士で互いの関心をつないでいく「しんぶん」の道具的機能が,子ども自身に認識されたことがうかがえる。「しんぶん」が新たな遊びの動機をつくり,その展開に寄与したといえるだろう。

第4節 遊びの発展を支える方法の探究

本章の目的は,子どもの視点に沿って遊びの発展を促すことをねらいとした「しんぶん」が,実際に大人の予想を超えた子どもの姿を含む「遊び」を引き出すとともに,子ども自身が遊びを発展させる支えとなり,自らの思いを伝え合う基盤をつくる形成的な方法として機能したか,またそれは一般的な保育実践現場において,継続して実行可能な方法たりえるかを,実践を通じて検証することであった。以下,この2点を順次考察する。

1. 遊びの発展を支える「しんぶん」の機能

はじめに検討したいのは,遊びの発展に対する「しんぶん」の効果についてである。エピソード6-1や6-2からは,「しんぶん」の導入がまずはそれ自体として,年齢を問わず子どもの関心を惹きつけたことがわかる。それが保育室内に提示されることで,いつでも見られ,加えて時間をさかのぼって振り返ることができる,という特徴を有したことから,子ども自身が以前の遊びを振り返るきっかけとなり,遊びの場を選択・更新する過程が促された。また時間・空間的に隔たりがある遊びの場をつなぎ,情報を提供する機能を果たしたことで,

遊びにおけるモノやふるまいに関し，他児との対話を深めるとともに，自身でそれらを振り返るきっかけとなった。エピソード 6-3 や 6-4 をはじめとするエピソードからは，これらの一連の過程が，子ども間で共有された遊びの展開に寄与したことが示唆される。

このような遊びの発展において「しんぶん」が果たした機能について，以下の 3 点に分けて検討する。

1）子ども自身の選択の保障

遊びの質が高まる過程に対する「しんぶん」の役割としてはじめに着目したいのは，「しんぶん」を介して提示された遊びに対し，子どもは「しんぶん」を閲覧するか否か，閲覧のタイミングも含め，それに対する向き合い方を自ら選択し，多様な構えで遊びに向かっていったという事実である。

口頭での子どもへの働きかけとは異なり，写真の掲示という様式を用いたことで，その情報をいつ，どの程度閲覧し，その情報を取り込むか否かを子ども自身が選択することが可能となった。それは子どもにとって，自らに宛てて発信された情報との向き合い方を「取り込むタイミング」「取り込まない自由」も含めて選び取り，それを発展させたい遊びに合わせ，自らのものにしていけるということである。それは，子ども自身が自ら遊びを発展させるための主体となることを意味する。子どもの遊びを記録する「しんぶん」が，保育実践のアセスメントとしての意味合いをもつとすれば，このことは，Carr（2001）によって「新たな保育アセスメントのための 9 つのガイドライン」の 1 つとして示されている「アセスメントはそれ自体，子どもたちの学びの構えの形成に貢献する」という指摘を具体化するものだといえよう。

保育実践の中でなされる，遊びの質を高めることを企図して行われる一般的な援助，例えば保育者の言葉がけや教材・玩具の提示といった物的な環境構成は，時に子どもの経験の方向性を特定の方向に導きがちとなる。これに対し「しんぶん」による働きかけは，子ども自身の遊びの場における選択と更新のタイミングを，より幅広く保障することを可能にする。活動における子ども自身の選択を保障し，促すことができるこのような点は「しんぶん」ならではの特徴

として描くことができるだろう。

2) 子どもの特徴に応じた機会の提供

　次に着目したいのは，遊びを発展させるにあたり，「しんぶん」が個々の子どもの特徴に応じた機会の提供を可能にした点である。

　「しんぶん」は子どもの思いや遊びを時間軸を超えてつなぎ，それを充実させるポートフォリオ的な機能をもつ。いっぽう，実際に複数のエピソードを比べてみると，子どもによるその解釈・活用の実態は，個々の子どもの年齢やタイプ，誰と，どんなタイミングで「しんぶん」を閲覧したくなったかによって少しずつ異なっていることがわかる。「しんぶん」に自身が登場しているか否かは，実践の開始当初を除いて必ずしも閲覧の前提条件ではなくなり，エピソード6-6，6-7，6-8，6-9にあるように，子どもたちは時に「遊びを探す」ための情報媒体としてそれを用い始めた。この「しんぶん」の機能に対する理解の深まりと広がりは，エピソード6-10に見られる，「しんぶん」がついには子どもたちの遊びのモデルとなり，文字を使って伝え合う主体として，自ら遊びを発信しようとする姿へと発展した点からも読み取れる。遊びを通じて文字による発信を選び取ったP児の経験は，文字という書き言葉の使い手としての自覚の発達へと結びつくと考えてよいだろう。

　第5章では，「第1の学び」「第2の学び」という枠組みから，「遊びによって楽しく学ぶ」ことと「遊びそのものを深め，その結果として学ぶ」ことの違いを整理した。遊びが子ども自身の能動性を基盤に展開することは，それが保育者の予想する姿に収まる場合もあるいっぽう，「第2の学び」に分類されるような，保育者の予想を超えた姿の出現が不可避であることも同時に意味する。実際にそれぞれの遊びが展開する中で，「友達にまだ十分になじめない」「遊びが見つからない」「もっと面白くしたい」「友達の様子が気になる」……等々，子どもはその都度，それぞれの場で多様な思いを背負いながら遊びに向き合っているはずである。「しんぶん」は，このような特徴や志向の異なる個々の子どもの遊びに対する構えの違いを認め，そのうえでその後の遊びの発展に幅広く寄与する可能性を有する手法といえよう。

3）子ども間の対話の保障

一般のドキュメンテーションとは異なる「しんぶん」に独自の特徴の一つとして挙げられるのは，個々の子どもの学びや遊びではなく，クラスの子ども同士の遊びを対象に作成された点である。このことは，遊びの発展において「しんぶん」が果たした第3の機能である，「しんぶん」を介して子ども同士がやりとりを深め，かつ遊びを自ら発展させていく機会を増やすことにつながると考えることができる。

多様なエピソードを通じて読み取れるのは，子どもたちが「しんぶん」を介して遊びを発展させるとともに，初期リテラシーに関わる側面も含めて新たな活動を生成した姿である。その中には，エピソード6-10のように初期リテラシー発達との結びつきが見えやすい姿もあれば，そうではないものも含まれる。とはいえ子どもたちが，「しんぶん」に媒介された遊びを通じて，自らの思いを伝え合う基盤となる，新たな対話と活動の機会を得たこと自体は間違いのない事実であろう。

エピソードには，まだ実際には文字を使って伝え合う前段階であろう3歳児のものも多く含まれる。子どもたちは遊びを通じて，コミュニケーションと表現のレパートリーを広げ，深める契機となるさまざまな機会を経験する。例えばエピソード6-3や6-8に代表される，生活経験を再現し，それを書きかえていく「ふり遊び」において，子どもは表現したくなる場に既に巻き込まれているといえる（Goouch, 2010）。そのような意味で，「しんぶん」によって遊びにおける子どもの視点を支えることは，子ども間のコミュニケーションと表現の機会を豊かにすることを介して，初期リテラシー発達へと結びつくと思われる。そこでの遊びの発展に伴い，子どもが対話における表現の主導者となり，初期リテラシーのレパートリーの広がりや深まりを経験することは，学び手としてのアイデンティティを子どもに発達させる契機となると考えてよいだろう。

2．保育者にとっての「しんぶん」の実行可能性

続いて検討したいのは，「しんぶん」のような形式の写真を用いた保育記録が，実践者にとってどのような意味をもつか，それは子どもの視点から遊びの発展

を支えるうえで効果的かつ可能な方法として，一般的な保育実践現場で継続して取り組むことができるかという点である。この点を考察するうえでは，「しんぶん」の作成者として保育を実践してきた共同研究者である担任保育者2名が，作成過程を個々に振り返って語った内容が参考になる。

「しんぶん」作成について保育者が振り返る中で，共通点として挙げられたのは，「しんぶん」の作成過程が，子どもの遊びの展開に改めて目を向け，振り返る行為そのものだったという点である。作成者は日々の「しんぶん」作成の中心的な作業となる写真選択にあたって，一日の子どもの姿を振り返り，この遊びは明日も続きそうか，保育者自身が面白さを感じたか，子どもの姿がいきいきとしていたか等の視点から，心に残った写真を選び出した。またそれを「しんぶん」へと仕上げる過程は，「子どもがそこで何を楽しんでいたのか，写真にどんな言葉やイラストを添えようか，明日はどんな遊びとつながっていくか，この写真を見て子どもはどう思うか，写真に写っていないあの子はどんな思いでこの『しんぶん』を見るだろうか……」等，一人ひとりの子どもの姿に思いを巡らす時間となったという。ここからは「しんぶん」の作成にあたってどの遊びを取り上げるかを検討する過程自体が，子どもの遊びに対する視点を保育者が自覚する契機となったとともに，それが保育実践における，その後の遊びを支える働きかけに見通しを与えたことが示唆される。

保育者は日々，保育実践における子どもへの言葉がけを主として，子どもへのフィードバックを即興的かつタイムリーに行っている。それに対し「しんぶん」による方法は，形として残る一連の記録として，遊びが発展する過程の振り返りを可能にし，子どもの遊びのもつ意味を再解釈できるという点で，即興的に実践される言葉がけとは異なる特徴をもつ。いっぽうで「しんぶん」は文字記録における推敲の段階を必要としないゆえに，ドキュメンテーションに代表される，いわゆるエピソード中心の保育記録とは質の異なるものとして，基本的に毎日という頻度で作成することが比較的容易であろう。このことは第2節で触れた，慣れるにつれて「しんぶん」の作成時間が徐々に短縮されていったことからも示唆される。さらにこの形式は，再解釈した遊びの視点を翌日の保育実践での働きかけにタイムリーに取り入れるという，言葉によるフィード

バックと共通する機能も十分に満たしている。

　幼児の遊びが日々発展するものであるいっぽう，この時期の子どもには，時間間隔を空けての長期的な見通しはまだ発達的に難しいことが多いだろう。このことを考えると，形に残る記録として振り返ることができると同時に，タイムリーさをあわせもつというこれらの特徴は，遊びの発展を支える現実的な手法としての「しんぶん」の有用性を改めて示唆するものだといえよう。

3. 「しんぶん」のもつ意味と残された課題

　子どもたちの日常の遊びの様子を，写真を使って子どもに宛ててフィードバックする「しんぶん」を用いた方法は，子ども自身が遊びを発展させる過程に幅広く寄与する可能性をもつ。それは保育の場での遊びにおける子ども自身の選択を，活動そのものの選択肢に加え，参加のタイミングという時間の水準でも保障する。加えてそれは，どの子どもにも一律にではなく，発達特徴や志向の異なる個々の子どもの遊びに対する構えの違いに対応して，遊びに加わったり，遊びを創造したりする機会を幅広く提供する。その子ども同士の遊びの様子が，写真によって子どもに宛てて日々発信されることで，子どもと保育者，子ども同士のやりとりとその後の発展が支えられる。これらの点から，「しんぶん」を用いた方法は，遊びの様相を具体的に捉えるとともに，保育実践を通じて子どもの遊びを発展させ，新たな遊びの生成を支えることで，子どもが自ら思いを伝え合う基盤をつくる効果的な手法だといえる。

　あわせて「しんぶん」は，保育者が保育実践において遊びを支える具体的な手立てを考えるうえでも，一定の意味をもつことが示唆された。「しんぶん」でどの遊びを取り上げ，子どもに向けて発信するかを検討する作成過程そのものが，子どもの遊びを保育者が振り返ることを促し，実践におけるその後の働きかけに見通しを与える。実践者である保育者自身が，今後の手立てに向けて有用性を感じられるという意味で，「しんぶん」は子どもの遊びの発展を支える営みに継続的に取り組もうとする保育者の背中を押せる方法だといえるだろう。

　次章では，このような取り組みによって保障される遊びの発展が，初期リテラシー発達にどのように寄与するかを改めて検討する。

第 7 章

伝え合いたくなる機会を広げる
── 遊びの発展・共有から豊かになるリテラシー

 第 1 節　遊びの発展・共有から初期リテラシー発達へ ── 保護者とつなげ，やりとりを広げる

　遊びを中心とする総合的な指導に価値を置く日本の保育実践において，初期リテラシー発達を促す保育実践を展開するための方法として，前章では写真によるドキュメンテーションをアレンジした取り組みである「しんぶんプロジェクト」が提案された。「しんぶん」の特徴は，子どもたちの日常の遊びの様子を，写真を使って子どもに宛ててフィードバックすることを通じて，遊びの発展を促すことを企図している点にある。それによって示唆されたのは，「しんぶん」による取り組みが，子ども自身が遊びを発展させる過程に幅広く寄与するとともに，保育実践において遊びを支える具体的な手立てを保育者が考えるうえで効果的であり，日々の保育実践に無理なく埋め込む形で実行できる可能性をもつことであった。

　これに対し，保育実践を介した幼児期の文字習得の問題を，初期リテラシー発達の観点から考察するという本書の目的に改めて立ち返ったとき，新たな課題が導かれる。それは「しんぶん」により引き出された遊びの発展が，実際の初期リテラシー発達にどのように結びつくかを引き続き検証する必要性である。第4章で触れた「ぶんつうプロジェクト」に基づく検討から示唆されたのは，①子ども自身が言葉を介し伝えたくなる場，②そこでの表現を受けとめ楽しんでくれる相手，③その相手との関係性を育む機会，④それらを意識しアレンジされた道具立ての4点が，幼児期の初期リテラシーを発達させる鍵になることで

157

あった。研究協力者である大学生が参加しての介入研究であった「ぶんつう」に対し，「しんぶん」を用いた取り組みのねらいは，この4つの条件を日常的な保育実践において保障するための方法を探ることである。「しんぶん」により引き出され，発展した遊びには，第6章のエピソード6-10のような，初期リテラシー発達とわかりやすく結びつくものもあれば，いっぽうで必ずしも文字に直接関わらないものも含め，多様なものが認められる。このことをふまえ，文字を使ったやりとりへの移行前の子どもの遊びから，初期リテラシー発達への連続性をどのように捉え，それを促すにあたり，日常の保育実践として何をどのように取り組めるかという課題を改めて考えていく必要がある。

　これまでの本書における研究成果に基づくと，幼児期の文字習得は，話し言葉によるコミュニケーションとの連続性をもちながら，その宛先となる相手が意識され，伝えたい内容がその相手と共に経験されることを出発点として発生する。ここから考えると，仮にまだ文字を使ったやりとりが具体的に見いだせていなかったとしても，保育実践を通じて多様な相手とやりとりする機会を広げられるかどうかが，初期リテラシー発達の社会的側面という視点から，幼児期の文字習得へと結びつく基盤が形づくられているか否かの一つの指標になるといえるだろう。

　保育者と，もしくは子ども同士で遊びの場でのやりとりを始める子どもにとって，そこから始まったやりとりの相手を拡張していくにあたり，最も身近な存在として考えられるのは保護者である。このことは，序章で示した生態学的発達論の視点において，二者間の相互作用に基づく第三者の影響と役割が指摘されていることにも重なる。本章では，子ども－保育者，もしくは子ども同士の二者間のやりとりに影響する第三者として保護者を位置づけ，「しんぶん」により促された遊びの発展が保護者に共有されることが，幼児の初期リテラシー発達にどのように寄与するかを検討することを目的とする。具体的には，子どもに宛てた媒体である「しんぶん」を保護者にも公開することで生じる，子どもの遊びと保育に対する保護者の構えの変化が幼児の初期リテラシー発達にもたらす影響について，質問紙調査による資料をもとに考察していく。

　保育実践における子どもの姿を写真を用いて保護者に発信する試みは，園だ

よりや公開保育日誌，ポートフォリオといった形式で，国内外のさまざまな園で実践されており（森, 2016），特段珍しいものではない。これらの取り組みと本研究における「しんぶん」との相違点は，記録の宛先という点である。一般には，保護者や保育者，園外の関係者などの大人が記録の宛先として想定されるのに対し，「しんぶん」によるアプローチは，それを介して子ども自身が遊びを選択し，発展させることを一義的なねらいとするがゆえに，その宛先をあくまで子どもとしている。この子どもに宛てた保育記録を，同時に保護者にも公開し，保育実践における遊びの発展の過程に保護者を巻き込み参加を促すことは，初期リテラシー発達にどのようなインパクトを与えうるだろうか。

　既に述べたように，保育における遊びの場での子ども同士，子どもと保育者という二者関係の発達可能性は，それを支え，その場に参加する第三者の影響によって変化する。保育実践における遊びの発展とそこにおけるコミュニケーションの深まりに対し，第三者である保護者が，保育実践の能動的な構成者として積極的な役割を果たせる可能性（Rintakorpi & Reunamo, 2017）を検討することは，研究協力者である大学生の参加によって成立したアクションリサーチである，第4章の「ぶんつうプロジェクト」と異なり，一般的な保育実践現場においても可能な方法で，遊びを介して初期リテラシー発達を促す方法を確立する一助となるだろう。

第2節　遊びの記録を保護者と共有する ── しんぶんプロジェクト・プラス

　前章「しんぶんプロジェクト」を実施した香川大学教育学部附属幼稚園と高松園舎に幼児を通わせている保護者194名に研究協力を依頼した。3年にわたるプロジェクトの中で，表7-1にあるように，74名には複数の年度にわたって協力を依頼しているため，参加保護者の延べ人数は268名となる。

　これらのクラスではいずれも，第6章で述べた，クラス単位での子どもたちの日常的な遊びや活動場面を，写真を用いて継続的にフィードバックする「しんぶん」が継続して取り組まれている。「しんぶん」は共同研究者である担任保

表 7-1　研究協力者（保護者）の年度別参加人数

クラス	2016	2017	2018	合計
3歳児		18	18	
4歳児		57	43（+ 17）	
5歳児	30	28	（+ 57）	
	30	103	61（+ 74）	194

注：（　）内は2年間継続しての参加者数。

図 7-1　保護者に公開した「しんぶん」の例（3歳児クラス）
注：筆者撮影（2018年1月）。

図 7-2　公開された「しんぶん」を閲覧する保護者と子ども
注：クラス担任保育者撮影（2016年5月）。

育者によってほぼ毎日の頻度で作成され，保育室内の子どもに見えやすいスペースに掲示されている。これを複製したうえで，保護者向けの簡単なコメントを加えたもの（図7-1）を，「しんぶん」の主旨と自由に閲覧可能である旨の説明文を付し，登降園時に保護者が見られるよう，保育室付近にまとめて置いた。協力園では，保護者による送迎を原則として子どもの登降園が行われているため，送迎を担当していればいずれかの機会に「しんぶん」を閲覧することができる。保育室のものと同様に，保護者向けの「しんぶん」も新しいものが上にくる順序で綴じられているため，時間に沿ってさかのぼって見ていくことも可能である。図7-2は，「しんぶん」を共に閲覧する子どもと保護者の様子である。

　調査にあたり，「しんぶん」が保護者に与えた影響の検討を目的とした質問紙を新たに準備した。松井（2015）は，保育者と保護者が共同作成する子どもの記録が保護者の子育てや保育実践への視点に与える影響について，質問紙を用

いて分析している。そこにおける質問項目を参考に，筆者と共同研究者である担任保育者，幼児教育・保育を専門とする大学研究者間の討論により項目案を作成・検討し，決定した。質問紙は「しんぶん」の印象やそこからめばえた会話，子どもや保育への見方の変化について，自由記述および20の質問項目（「あてはまらない」「あまりあてはまらない」……「あてはまる」の5件法：各1～5点を付与）から構成された。対象児の「しんぶん」への登場頻度と結びつけて分析するため，調査主旨と匿名性の担保等を事前に説明したうえで，質問紙に児童名の記名を求めた。2年間継続しての研究協力者にも，同一の質問紙で調査を実施した。調査は2017年1月，12月，2018年12月，2019年2月に行われ，回収率は93.3%（延べ250名）であった。

第3節 遊びの共有から何がめばえたか

1.「しんぶん」を介したコミュニケーション

　質問紙調査の結果，これまでに「しんぶん」を見たことがあると回答したのは171名（88.1%）であった。子ども向けの「しんぶん」は，保護者にとっても関心を惹くものであることがうかがえる。

　続いて，「しんぶん」をきっかけに誰と会話をしたかを調査した。その結果，自分の子ども（79.4%），保護者間（68.0%），家族（49.0%），担任（32.5%）の順で高い割合を示した。これに対し，3歳児クラスのみに焦点化すると，保護者間（87.5%），自分の子ども（81.3%），担任（75.0%）の順となった。この結果は，全員が入園初年度である3歳児クラスでは，まずは保護者同士やクラス担任とのコミュニケーションを促す効果的な媒体として「しんぶん」が機能したことを示唆するものだといえよう。

　また図7-3は，継続して調査に参加した保護者74名に関し，1～2年目の回答率を比較したものである。1年目と2年目で，各項目の人数はおおむね同様であったが，特に自分の子ども以外の園児と会話した保護者の割合が，6.7%から44.6%へと大きく増加していた。この差について，マクニマーの検定（related-samples McNemar change test）という手法を用いて分析したところ，統計的に

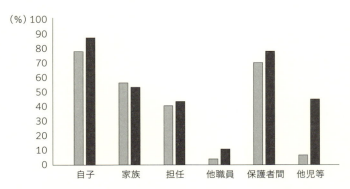

図7-3 「しんぶん」をきっかけに誰と会話したか（1～2年目の比較）

有意な差であることが確認された。子ども向けの「しんぶん」を公開する継続的な取り組みによって、子どもや他の保護者をはじめとする周囲とのコミュニケーションの媒体として「しんぶん」が定着し、自分の子ども以外との園児をはじめとして、それぞれの保護者が保育や子どもについて語り合う相手と機会を広げる役割を果たしたものと考えられる。

2.「しんぶん」による保護者の変化

　表7-2は、「しんぶん」を閲覧しての影響を尋ねた20項目についての、平均（M）と標準偏差（SD）を示した概要である。いずれの項目に対しても「あてはまる」の割合が高く、なかでも「幼稚園でのふだんの遊びの様子がよくわかるようになった」「幼稚園での行事に向けての取り組みがよくわかるようになった」「自分の子どもの新たな姿を見つけられるようになった」「自分の子どもの成長を喜べるようになった」の項目で顕著であった。また、自分の子ども・クラスの子どもたちの遊びに興味をもてるようになった、幼稚園でのできごとについての会話が増えたといった、遊びの発展やコミュニケーションに関わる項目にも同様に高い値が得られた。

　これらの結果について、以下の2点から更に検討を行った。1つは、年度を越えて継続して調査に参加した保護者74名における1～2年目の変化である。

第7章　伝え合いたくなる機会を広げる

表7-2　「しんぶん」をきっかけにした保護者の変化

項目	M	SD
幼稚園でのふだんの遊びの様子がよくわかるようになった	4.72	0.55
幼稚園での行事に向けての取り組みがよくわかるようになった	4.65	0.71
自分の子どもの新たな姿を見つけられるようになった	4.65	0.65
自分の子どもの成長を喜べるようになった	4.57	0.75
自分の子どもの遊びに興味がもてるようになった	4.55	0.85
クラスの子どもたちの遊びに興味がもてるようになった	4.45	0.88
幼稚園でのできごとについて，自分の子どもとの会話が増えた	4.45	0.93
クラスの子どもたちの成長を喜べるようになった	4.44	0.84
自分の子どもをかわいいと思えるようになった	4.39	0.95
自分の子ども以外のクラスの子どもたちを，かわいいと思えるようになった	4.38	0.91
子どもの発達に興味がもてるようになった	4.34	0.97
保育・教育に対する担任の先生の考え方がよくわかるようになった	4.33	0.92
子どもに対する担任の先生の考え方がよくわかるようになった	4.32	0.97
自分の子どもを褒める機会が増えた	4.22	0.95
幼稚園でのできごとについて，他の保護者と話す機会が増えた	4.15	1.08
自分の子どもが幼稚園でやっていること（遊びなど）を，家でもやってみるようになった	4.03	1.09
自分の子ども以外のクラスの子どもたちを，褒める機会が増えた	3.95	1.03
幼稚園でのできごとについて，自分の子ども以外の幼稚園の子どもたちとの会話が増えた	3.94	1.15
幼稚園でのできごとについて，先生方と話す機会が増えた	3.77	1.04
自分の子どもと一緒に遊ぶ時間が増えた	3.60	1.04

　各項目における平均値の差を統計的に分析した結果，「幼稚園での行事に向けての取り組みがよくわかるようになった」についてのみ有意な差が確認され，1年目に比べ2年目の値が低かった。「しんぶん」そのものの機能は1～2年目でおおむね変化はないものの，1年目の「しんぶん」で行事に向けての過程を十分にイメージし理解できたことが，この項目での「しんぶん」からの影響の低下という形で表れたものと思われる。

　あわせて試みたのは，「しんぶん」の内容とそこから保護者が受ける影響との関係に焦点をあてた分析である。アンケート実施直前1か月の子どもの「しんぶん」への登場頻度（集団に焦点があてられているものを除き，本人が特定で

きるもの）を数え，「しんぶん」への月平均登場回数が 7.38 回である 99 名の比較高頻度群と，同じく 5.38 回である 80 名の比較低頻度群に分け，各項目に関して両群間の平均値の差を統計的に検討した。その結果，「幼稚園でのできごとについて，先生方と話す機会が増えた」についてのみ，低頻度群における値のほうが，高頻度群よりも高いという形で有意差が認められた。この結果は，自分の子どもが「しんぶん」に出ていないことが，保護者に幼稚園でのできごとを尋ねる一つのきっかけになったことを示している可能性がある。その他の 24 項目について，両群の差は認められなかった。

　一般に保育実践における子どもの姿を保護者に向けて写真を使って発信する際，少なくない園や保育者が，子どもたちを可能な限り均等に発信媒体に登場させることに気を配っているのではないだろうか。そこから考えると，「しんぶん」への自分の子どもの登場頻度とそこから受ける影響はほぼ関連しないというこの調査結果は，いっけん意外なものであるようにも感じられる。

　第 6 章の「しんぶん」に関する子どもたちの態度の分析は，この結果を理解するヒントとなるだろう。「しんぶん」を開始した当初，子どもたちは「しんぶん」に自分が登場していることを気にしていたが，継続するにつれてそのような姿は見られなくなった。いっぽうで「しんぶん」そのものに対する子どもたちの関心は変わらず継続していた。ここからは，「しんぶん」が遊びの様子を伝えるものであるがゆえに，子どもたちは「しんぶん」を見る際，何より「遊び」そのものに着目していた可能性が考えられる。そうであれば仮に「しんぶん」の写真に自身が登場していなかったとしても，その遊び自体に自身が加わっていた場合は，「しんぶん」に掲載された遊びに関わる他者との豊かなやりとりが成り立ちうるだろう。したがって，「しんぶん」に自身が登場していなくとも，子どもがその遊びをいきいきと語る姿には大きく影響しないはずである。ゆえに保護者がそこから受ける影響もまた，「しんぶん」への自分の子どもの登場頻度に依存しないという結果に結びついたのではないだろうか。

　分析結果からは，自分の子どもがそこに登場しているか否かにかかわらず，「しんぶん」は保護者に一定の影響をもたらしたことが読み取れる。その背景にはさまざまな可能性が考えられるものの，「しんぶん」において保護者は，必ず

第 7 章　伝え合いたくなる機会を広げる

しも自分の子どもに関する情報だけを取り入れようとしているのではないことが示唆される。

　これらの量的な結果とあわせ，質問紙の自由記述回答と観察された会話内容からも，「しんぶん」が保護者の保育実践への関心を高め，自分の子どもはもちろん，他児の遊びに関しても，保護者同士や家族等の他者と話題を共有するきっかけとなったことが読み取れた。以下は「しんぶん」をきっかけに子どもや保護者間で交わした会話の一例として挙げられたものである。

・『昨日，体操服がすごく汚れとると思ったら，こんなこと（泥遊び）してたんやね』（3 歳児保護者）
・『一人で鉄棒して遊んだって言うから，友達と何かあったのかと思ってたら，〇〇ちゃんも〇〇ちゃんも一緒に遊んでるわ！』（3 歳児保護者）
・『自分の子どもとは「〇〇ちゃんと△△で遊んだんやね。楽しかった？」というような，遊んだ内容をより具体的に聞かせてもらうためのきっかけにさせてもらいました。保護者同士では，こんなことしてるんやね，知らなかったね，すごいね等，園生活の様子を詳しく見られたことで感想を言い合いました』（4 歳児保護者）
・『子どもとは，写真に写っているときの遊びが何をしていたか，どのように遊んだか，誰が一緒にしていたか等を教えてもらうことが多い。「だから今日はこれをして遊ぶ！」と言っているのも増えた。保護者同士では，「家で言ってたのはこのことかな？」とか，いろいろな子と遊んでいる姿を見て，新たな発見を言い合っている。時々迎えに来る祖父母は，ふだん，話でしか知らない姿を見ることができて，また子どもと楽しそうに話している』（5 歳児保護者）
・『「今日は何したの？」と尋ねても，なかなか答えが返ってこないのですが（男の子だからか，幼稚園でのことをあまり話しません……），「しんぶん」のおかげで，具体的に私から質問できるようになりました』（5 歳児保護者）

　これらの会話から示唆されるのは，「しんぶん」が子どもと保護者の間のやり

とりを通して，園での遊びの様子をさまざまに共有するきっかけを提供したのに加え，対話の相手を更に増やすことにも寄与した点である。Reynolds & Duff（2016）はドキュメンテーションの機能として，祖父母等の拡大家族と保護者との間で子どもの経験の共有を可能にすること，その結果として保育者と家庭，拡大家族間のつながりを強めていけることを指摘する。本調査の結果は，「しんぶん」も同様に，園での遊びの様子を多様な相手と共有する一つのきっかけとなったことを示しているといえるだろう。

第4節　遊びの発展・共有から初期リテラシー発達へ

1.「しんぶん」は保護者に何をもたらしたか

　子どもに宛てた「しんぶん」を閲覧した保護者の変化として質問紙調査から示されたのは，「しんぶん」によって保護者に他者と言葉を交わす機会が増えるとともに，子どもの遊びの様子や，園で行われている行事や活動等，保護者の保育実践への関心と理解が深まっていく様子であった。あわせてそのような変化は「しんぶん」に自分の子どもが写っていることに触発されてめばえるのではなく，その出現頻度にかかわらず生じることが示唆された。ここからは「しんぶん」そのものの有する機能が，保護者に対し新たなコミュニケーションの機会を喚起した可能性を考えることができる。

　第6章で述べたように，保育実践現場での子どもたちの遊びを記録し，その発展を支えることを意図している「しんぶん」は，ドキュメンテーションの一つとしてみなせるだろう。通常のドキュメンテーションと「しんぶん」の違いとは，前者はその宛先として，一般に保護者を含む大人を想定しているのに対し，「しんぶん」はその宛先をあくまで子どもとしている点にある。また記録される活動の焦点としても，個々の子どもの「学び」に焦点があてられることの多いドキュメンテーションに対し，「しんぶん」は子ども集団を単位として，そこで生じている遊びに焦点をあてているという違いがある。

　これらの相違点をふまえ，本章の結果に基づき整理した，子どもと大人を取り巻くコミュニケーションのパターンを整理したのが図7-4である。図におい

第7章　伝え合いたくなる機会を広げる

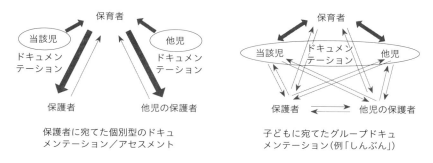

図7-4　「しんぶん」からめばえるコミュニケーションパターン

て，太矢印はドキュメンテーションに関わる情報の流れを，細矢印はそれに伴ってめばえるコミュニケーションパターンを示す。

　従来型のドキュメンテーションや，その他個別型の保育アセスメントのパターンを図式化したのが左図である。これまで述べてきたように，それは一般に「遊びを通しての学び」も含めた子ども個別の学びの成果に焦点があてられ，そこで捉えられた子どもの姿が保育者から保護者を宛先として伝えられる。仮にそこで何か疑問があれば，保護者は作成者・発信者である保育者にその内容を尋ねることになる。その結果，保護者のコミュニケーションの相手は基本的に保育者に限られることになるといえよう。

　いっぽう，今回の「しんぶん」を代表とする，いわばグループドキュメンテーションを子どもに宛てたパターンを図式化したのが右図である。子どもたちの遊びの様子を保育者が捉え，それを保育者が「しんぶん」という形で再び子どもたちに返していく。「しんぶん」によるそのようなやりとりを脇から保護者が覗き込むのが，本章のプロジェクトにて設定したスタイルである。この設定において，保護者がその内容や疑問点を問い合わせる相手は必ずしも保育者だけに限られない。そもそもの「しんぶん」の宛先である自分の子どもに尋ねることもできれば，一緒に閲覧している他の保護者と話すという選択肢もある。もちろん「しんぶん」の作成者である保育者に尋ねることもできれば，場合によっては「しんぶん」に登場している他児に直接話しかけることも可能である。その結果として，子ども・子どものクラスメート・保育者・他の保護者等，多様

167

な相手と「しんぶん」の内容をやりとりする機会が増えることは，保護者にとって，子どもの姿や遊びの様子の新たな側面を理解することに結びつくだろう。Rintakorpi, Lipponen, & Reunamo（2014）が指摘するように，保育における子どもの遊ぶ姿を，保育者の書くドキュメンテーションのように抽出してイメージし，理解するのが難しい保護者もいるはずである。「しんぶん」の閲覧によって，多くの保護者にコミュニケーション過程への積極的な参加の構えが育まれたのは，「しんぶん」の焦点が遊びにあることで，保護者はより具体的に保育の中での子どもの姿や遊びの様子を理解でき，それについての会話が子どもたちと共有されることで，次の遊びの生成に寄与する，という循環が生み出されたことが影響していると考えられる。

　このことは質問紙調査の結果にある，「しんぶん」をきっかけに会話先が増え，子どもの遊びや保育に対する保護者の理解が深まる姿として現れたといえるだろう。入園初年度である3歳児クラスでは，「しんぶん」がまずは保護者同士や担任保育者とのコミュニケーションを促す効果的な媒体として機能した。その後，子どもの話し言葉の発達が年齢とともに進むに従い，保護者にとって「しんぶん」の果たす役割は，園での遊びの具体的な様子を子どもとの間で共有することを中心に，保護者同士や家族と，園生活の話題を共有するための媒体へと変化したものと思われる。更に「しんぶん」を介したやりとりは，特に保護者と子どものクラスメートとの間で拡大した。このように，子どもに宛てた「しんぶん」とそれに伴うコミュニケーションは，保護者にとって日々の保育を知る効果的な機会として機能し，保育実践に関し，自分の子どもたちを含む周囲の人たちと更に積極的に対話を広げ，深めようとする参加の構えを育む契機となったことが読み取れる。

2．「しんぶん」は初期リテラシー発達に何をもたらしたか

　本章の目的は，子どもの遊びと保育に対する保護者の構えの変化が，幼児の初期リテラシー発達にもたらす影響を検討することであった。このことをふまえ，改めて図7-4を子どもの側から読み取ってみると，「しんぶん」を保護者に公開したことによって，子どももまた，それまで他児や保育者との間で共有し

ていた自らの遊びに関するエピソードを，自身の保護者や他の保護者に対して伝え，語る機会をより多く得ることになったという変化が見えてくる。

「しんぶん」について，保育実践に関する既存の記録・評価方法との共通点を整理すると，日々の活動を追って作成される点では一般的なドキュメンテーションと類似している。いっぽう，それが保育室に置かれ，子どもたちが手にとって会話をしたり，自らの経験を確認したりするきっかけとなる点では，ニュージーランドにおけるドキュメンテーションの取り組みである「学びの物語」（Carr, 2001; Carr & Lee, 2019）と類似する特徴をもつ。これらに加え，子どもたちの遊びの様子を，写真という子どもになじみやすい媒体を使い子どもに向けてフィードバックしたこと，更にそれを保護者に公開したことが，子どもにとってさまざまな保護者とやりとりをする契機となった。そこで子どもたちが遊びの様子を語ることは，次なる遊びを自分で選び取り，それを発展させること，あわせて保護者をはじめとする他者との間で新たにその内容についてのやりとりの機会を得て，やりとりの相手を更に広げることを可能にする。それは本章の冒頭で触れた，幼児期の初期リテラシーを発達させる鍵となる4つの条件のうち，①子ども自身が言葉を介し伝えたくなる場，②そこでの表現を受けとめ楽しんでくれる相手，③その相手との関係性を育む機会，の3つを保障するものとして考えることができるだろう。

したがって「しんぶん」を介して遊びの発展を促す試みは，それを保護者に公開することで，第三者としての保護者を，遊びの発展の様子を共有し，それに関心をもってやりとりする保育実践の積極的な参加者（Rintakorpi & Reunamo, 2017）として巻き込み位置づけ，子どもを取り巻くコミュニケーションパターンを活性化させるモデルだといえよう。それは，文字を使ったやりとりに移行する前段階である，遊びにおける子どものコミュニケーションと表現のレパートリーを豊かにする機会を提供するという形で，保育実践を通じて初期リテラシー発達を促す営みとして理解できる。

3．初期リテラシー発達を促す保育実践を目指して

遊びを発展させる媒体としての「しんぶん」を用いた取り組みに伴う課題を

検討してきた第6章・第7章の研究におけるねらいは，協力者である大学生が参加しての介入研究であった第4章の「ぶんつう」プロジェクトによって見いだされた4つの条件をふまえ，日常的な保育実践を通じて可能である，幼児期の初期リテラシー発達を促す方法を検討することであった。これまで検討してきたように，「しんぶん」は「ぶんつう」とは異なる形で，遊びを中心とした総合的な指導に価値を置く日本の保育実践において自然な形で実践可能な，初期リテラシーの発達を促すことのできる方法だと考えられる。

　幼児期における話し言葉と書き言葉の連続性と，それが遊びの中で展開しているという観点から考えたとき，第4章での「ぶんつう」において展開されていたような文字を使った伝え合いは，遊びの中でのコミュニケーションを基盤にめばえるとみなすことができる。「しんぶん」を介して保護者を巻き込み，保育実践に関する保護者の参加の姿勢や実践を読み取る視点を引き出すことは，子どものやりとりの相手となる大人を育むという点で，遊びを通じて子どもがコミュニケーションの機会と表現のレパートリーを豊かにしていく契機となる。遊びにおける子どものコミュニケーションの相手と内容が広がり，深まることは，対話を通じて主体的に活動する自身に対する自覚，すなわち学び手としてのアイデンティティの発達へと結びつく。そのような意味で，「しんぶん」を用いた取り組みは，初期リテラシー発達の基盤をつくる営みといえるだろう。

　いっぽう，「しんぶん」を介して育まれた遊びの発展とコミュニケーションのレパートリーの広がりから，実際の文字を使ったやりとりへの発達をどのように促すかについては更なる検討を必要とする。「しんぶん」によって引き出され，保護者の参加によって広がり深まったやりとりの経験を，そこでとどまらせることなく，実際に「ぶんつう」で示された，文字を使っての子どもの思いの伝え合いや，第6章のエピソード6-10のような，具体的な書き言葉の発達へと結びつけていく，あわせてそこにおける文字の使い手としての自覚の発達を促していくには，もう一歩踏み込んだ保育・教育内容の設定や環境構成を必要とするはずである。

　このことと関連して，本章で紹介した研究の分析対象とした調査期間の後であるが，「しんぶん」によって活性化したコミュニケーションパターンの中に，

第 7 章　伝え合いたくなる機会を広げる

図 7-5　子どもも「しんぶん」に付箋を貼りつける
注：クラス担任保育者撮影（2019 年 7 月）。

文字使用との結びつきが見られた一例に触れておきたい。プロジェクト後も継続している「しんぶん」作成と保護者への公開の取り組みの中で，2019 年度の附属幼稚園 4 歳児クラスでは，保護者に公開した「しんぶん」の脇に，保護者とのやりとりを促すねらいで，自由にコメントを書ける付箋を試行的に設置した。するとコメントを書く保護者に加えて，子どもたちも同様に，遊びへのコメントを自ら記入し「しんぶん」に貼りつける姿が見られたという（図 7-5）。

　このような事例は，「しんぶん」によって広がり，活性化したコミュニケーションの先に書き言葉の発達が認められること，加えて適切な環境を設定することで，文字表現の発達へと結びつく姿を具体的に引き出していけることを示唆するものだといえよう。それは第 4 章で示した 4 つの条件の最後の 1 つである，言葉を介し伝えたくなる場での相手とのやりとりを，話し言葉から文字へと発展させるためにアレンジされた道具立ての問題に関わると考えられる。

　いっぽうでそのような取り組みを，発達上のどの時期に実現することが適切か，保育実践の中で実現可能な形で導入することが可能かは，保育実践と学童期以降の教育実践にどのような連続性をもたせるかも含めて，今後の教育実践上の課題である。このことについては，終章で改めて議論したい。

171

終　章

保育における社会的関係から立ち上がる言葉
—— 全ての子どもの「声」と権利の実現へ

 第1節　幼児期の文字習得とは何か，保育者には何ができるか

1．保育実践を介した幼児期の文字習得の検討結果

1）幼児期の文字習得において何が問題だったか

　本書の目的は，保育実践を介した幼児期の文字習得の問題を，初期リテラシー発達の観点から探究することであった。

　序章ではこの問題の背景について，文献に基づき整理した。はじめに，これまで幼児期の文字習得はどのように扱われ，何が問題となってきたかを検討した。冒頭で提起したのは，文字習得は幼児期の課題としてみなされてきたこと，また多くの先行研究が，文字習得を目的変数として，その獲得をいかに説明するかに焦点をあててきた現状である。このことをふまえ，続いて文字習得に関わる国内外の動向を整理した。そこからは，幼児期の文字習得が「初期リテラシー」をキーワードとして，保育実践との関わりも含めて積極的に論じられている国際動向に対し，保育実践を通じて文字習得の課題とどのように向き合うかの議論が十分に取り組まれていない国内の動向が示された。その結果は国内における，「文字に対する関心・感覚を豊かにする」という位置づけ以上には文字習得を積極的に意識しない実践と，それとは逆に積極的に文字や言葉の指導を展開する実践という，方向性の異なる対照的な取り組みが混在している実態へと結びついていた。特に後者は，多くの保護者が文字習得に対し抱くイメージや，小学校における典型的な文字指導実践での「誤りなく読み書きする」という価値づけに影響されていることが考えられた。

この研究動向と実態を受け，序章第3節では，幼児期の文字習得に関わる研究課題として次の2つを提起した。1つは学童期以降，特に生涯発達の過程における生活や学びとの連続性の視点から，幼児期の文字習得と，それを支える保育実践内容を検討する必要性である。もう1つは，保育実践現場で幼児の文字習得の課題と向き合い，取り組みを考えるうえで，保育者にとって実際に手がかりとなる研究成果を提示する必要性である。それにあたり，文字習得の問題を，それを支えるコミュニケーション過程等の社会的側面を含み込んだ概念である「初期リテラシー」の発達をいかに促すか，という方向に拡張し，検討を進めることを提起した。

　続いてこのことをふまえ，Bronfenbrenner（1979）による生態学的発達論を理論的な基盤として，研究課題に取り組む際の方法論を検討した。1つは，文字習得を促す実践が埋め込まれている多層的な社会的文脈を問題とすること，もう1つは，文字を習得する当事者である子どもと，保育実践を通じてそれを促す保育者以外の，第三者の役割やふるまいに着目することである。また研究方法として，従来の心理学的方法に加え，保育者と共同してのアクションリサーチを軸とする，保育実践研究の手法をあわせて導入することとした。

　以上の問題背景の整理を受けて設定した6つの問いに対し，本書から得られた知見を以下に順次示す。

2) 文字習得を支える初期リテラシー発達とは——第1から第4の問い

　これらのうち，第1から第4の問いに関する取り組みは，幼児期の文字習得のありようを捉え直す試みとしてまとめることができる。

　第1の問いは，幼児期の文字習得の実態は的確に把握されてきたか，そのためにはどうすればよいかという問題であった。このことを検討するため，第1章では子どもにとっての文字習得の価値や意味という視点から，幼児の文字使用という観点に焦点をあてて資料を収集した。それにあたり，4〜5歳児を対象に，保育実践の中に埋め込んで実践した「絵本づくり活動」とその内容を語ることを求める面接調査と，文字使用の背景要因を探るための保護者を対象とする質問紙調査の2つの研究を実施した。

終章　保育における社会的関係から立ち上がる言葉

　その結果明らかになったのは，幼児期の文字習得に関し，従来，その指標と
されてきたかな文字の識字能力と，幼児の文字使用の様相との間の隔たりであ
る。このことは，「誤りなく正確に読み書きできる」文字数をはじめとする従来
の指標に基づいて識字能力を捉えるだけでは，「伝え合うための道具としての文
字」という，幼児の文字使用の実態に沿った側面を捉えきれない可能性がある
ことを示唆している。

　第2の問いは，保育実践の現場において，幼児期の文字習得はこれまでどの
ように扱われてきたかという問題であった。このことを明らかにするため，第
2章では保育者のもつ文字指導観に着目し，保育者が文字指導をどのように意
識し，日々の実践に取り組んできたかを探った。文字習得初期における日本語
の特徴，ならびに日本の保育・教育実践の特徴をふまえて，文字指導観を調べ
るための尺度を開発し，保育者ならびに小学校教諭を対象に調査を実施した。

　明らかとなった結果の1つは，保育者が抱く文字指導観は，「直接教示型」
「受動型」「生活基盤型」の3因子構造をもつこと，保育者全体としては「生活
基盤型」への志向があるものの，実際に子どもへの指導・援助を担う担任保育
者は，「受動型」すなわち初期リテラシーを促す実践のねらいや内容を積極的に
意識しない傾向を有することである。もう1つは，これらの保育者の文字指導
観は，同じ施設内の保育者間で類似性をもつ点である。このことは，文字習得
を支える取り組み内容に関する園ごとの差異と，実践の質の差へと結びつくと
考えられる。これらの結果から，特に保育経験の浅いクラス担任は，初期リテ
ラシーを促す実践のねらいや内容を自覚的に振り返る機会が必ずしも多くない
ため，所属する園の方針に影響されやすく，したがって，保育実践を通じて文
字習得をどのように支えるかという自身の文字指導観を，積極的に意識できて
いないと思われることが示唆された。

　第3の問いは，幼児期の文字習得を促す保育実践として，日本で従来なされ
てきたもの以外に，どのような方向性と内容の取り組みが成り立つかというも
のであった。第3章ではこのことを探るため，初期リテラシー発達を支える保
育実践を積極的に試みる国の代表として，イングランドに焦点をあてた。現地
の2つの公立学校で，エスノグラフィック・フィールドワークと保育者・教師

175

へのインタビューを実施し，初期リテラシー発達への取り組みの実態と，その背景にある理念，およびそれを可能にする条件や制度についての資料を収集した。

日本の既存の保育実践との比較検討の結果見えてきたのは，対話の枠組みを土台として，それぞれの子どもに合わせてアレンジした課題をもとに，コミュニケーションを保障する多様な機会を設けることが，実際の文字を使ってのやりとりと，表現のレパートリーの広がりへと結びつくことである。そこでの経験は，自分の思いや考えを表現する手段である文字の使い手としての自覚を子どもに育むことへとつながる。このことは，社会的側面に着目して初期リテラシー発達を促す試みが，子どもの多様な表現を引き出すこと，またそれを認めていくことを介して，自立した学び手としての自己表現を獲得することの延長線上に文字習得を位置づけていけることを示唆している。

第4の問いは，これまでの知見をふまえたとき，初期リテラシー発達を促す保育実践として新たにどのような取り組みが成り立つか，それは幼児期の文字習得に対し，実際にどのようなインパクトを与えうるかという問題であった。

それにあたり第4章では，日常的な「遊び」の文脈に根ざした対話を通じての初期リテラシー発達を明確に位置づけた取り組みとして，4〜5歳児と研究協力者の大学生が共に遊び，手紙の交換を継続する「ぶんつうプロジェクト」と名づけたアクションリサーチを実施した。その結果明らかになったのは，①子ども自身が言葉を介して伝えたくなる場の設定，②そこでの表現を受けとめ，楽しんでくれる相手の存在，③その相手と共に過ごし，互いの関係性を育む機会，④それらを意識しアレンジされた道具立てを含む保育環境の設定，の4つの条件が，子どもの書き表現のレパートリーを拡大させ，幼児期の初期リテラシーを発達させる鍵となったことである。

3) 日本の保育実践の文脈で初期リテラシー発達を促すには ── 第5・第6の問い

いっぽう，第5・第6の問いは，第1〜4の問いから提起された幼児期の文字習得を支える初期リテラシー発達を幅広く保障する取り組みを，日本の保育実践の文脈をふまえて実現する方法を探る試みとして位置づけることができる。

終章　保育における社会的関係から立ち上がる言葉

　それまでの4つの問いによる成果を受けての第5の問いは，初期リテラシー発達を促す新たな試みを，「遊び」に価値を置く日本の保育実践の文脈に埋め込む際に，考慮すべきことは何か，という問題であった。

　第4章までの取り組みからは，幼児であっても一定の条件が満たされることで，コミュニケーションの形式が話し言葉から文字を使ったものへと発達しうること，その中で文字を使って伝え合うやりとりの主体としての自覚が子どもに育まれていくことが示唆された。しかしながらそのような取り組みを，「遊びを通しての総合的な指導」を中心とする日本の保育実践の置かれている文脈に無理のない形で位置づけていくには，そのキーワードとなる「遊び」を，初期リテラシー発達との関係でどのように理解し，扱うかの検討が必要となる。

　これを受けて，文献研究による問題の整理に取り組んだ第5章からは，事前に保育者が定めた初期リテラシーに関わる目標を習得する手段としてではなく，子ども自身が自ら選び取った「遊び」そのものの楽しさを深め，そこでのコミュニケーションが発展した結果として初期リテラシー発達が促されることが，子ども自身の学び手としてのアイデンティティ，すなわち文字を使って伝え合う自身についての自覚を育むために必要であることが示された。加えてそれに取り組むために，日常の保育実践において子どもが選び取った遊びを的確に捉え，それを発展させる過程の支えとなる形成的な方法の必要性が提起された。その成立要件は，①遊びに対する子ども自身の視点を支え，探究するものであること，②保育者が継続して日常的に実行可能なものであること，の2点である。

　以上の理論的な整理を受けての第6の問いは，日常的な保育実践を通じて「遊び」をどのように発展させ，初期リテラシー発達を促していくか，という実践的な問題であった。これに沿って，第6章では写真による保育記録の一種であるフォトドキュメンテーションをアレンジし，子どもたちの日常の遊びの様子を，写真を使って子どもに宛てたクラスだよりとしてフィードバックすることを通じて，遊びの発展を促すことを企図した，「しんぶんプロジェクト」と名づけたアクションリサーチを実施した。また第7章では，第6章で試みた「しんぶん」を保護者に継続的に公開し，それによって生じる遊びと保育実践に対する保護者の構えの変化が，幼児の初期リテラシー発達にもたらすインパクトに

ついて改めて検証した。

その結果示されたのは，「しんぶん」という子どもに宛てたフォトドキュメンテーションが，子どもたちの遊びの様相を具体的に捉えるとともに，保育実践を通じて遊びを発展させる過程での子どもたちのやりとりを促し，新たな遊びの生成と発展を支え，子どもが思いを伝え合う基盤をつくるのに寄与することである。またそれを保護者に公開することが，保護者の保育実践への関心と参加の姿勢を喚起し，子どもの周囲のコミュニケーションを更に活性化することで，コミュニケーションと表現のレパートリーを豊かにする機会の創出と拡張へと結びついた。話し言葉と書き言葉の連続性という視点と，「しんぶん」がさまざまな園で，特別な準備なく実践できる方法であることとあわせて考えると，一連の試みは，日本の保育実践現場において，社会的側面に着目して幼児期の初期リテラシー発達を促す一つの方法とみなすことができる。

2. 本書を通じてわかったこと

これまで述べてきた6つの問いに対する知見として何が提示されたか，本書の成果という形で端的にまとめると以下の2点となる。

1点目は，幼児期の文字習得とは，識字能力の獲得として示せるものに限らない。それは習得した文字を使って，自らの意思を表現し，伝え合う営みの出発点であることを示した点である。

文字習得において，従来の実践や研究において一般的に用いられていた，何文字読み書きできるか，それを正しい手順で誤りなく正確にこなせるかという評価指標は，その一面を表しているにすぎない。文字習得とは，習得した文字を使って，自らが感じたことや意思を表現し，伝え合い，共有するための営みである。正しい言葉の知識をもっていても，実際にそれを使って伝え合うことができるとは限らないように，識字能力は文字を使うための必要条件ではあるものの，十分条件とは言いがたい。

そこから考えると，子どもが文字を使って表現し，伝え合っていく過程を支えるためには，文字そのものをどの程度知っているかだけではなく，それをどのような場で使っていくか，何をどのように表現し，発信したときに手応えの

あるやりとりが成り立っていくかという対話の枠組みを学び，自らのものにしていく経験を十分に保障していく必要がある。したがって文字習得の課題に取り組むにあたっては，それが対話を通じて成り立っていく点で，話し言葉によるコミュニケーションと連続性をもつものとして理解したうえで，その習得を社会的な文脈を通じて促す実践を準備していくことが求められよう。

　本書では，初期リテラシー発達という視点を導入することで，文字習得の目標と内容を社会的側面へと拡張し，問題にアプローチした。それによって示されたのは，初期リテラシー発達に関わる機会を子どもの興味・関心に合わせてアレンジし，相手との対話の中で展開される場を準備したことが，第4章における多くの例から読み取れるように，文字でやりとりする経験を幅広く子どもたちに保障したことである。それによって実際に文字表現のレパートリーが広がり，やりとりの内容が深まったことは，書き言葉の機能の拡大を実感する機会となり，文字を使って伝え合う自身についての自覚を子どもに育むことへと結びついた。

　それは幼児期の文字習得を社会的側面に着目したものに転換し，実際の文字を使ったコミュニケーションが出現する前の段階も含めて，子どものコミュニケーションと表現のレパートリーの広がりや深まりを評価していくことへと再定位していく営みとしてまとめることができるだろう。それは単に個人内に閉じた知識やスキルを獲得することで完結する文字習得を評価する試みとは異なる，幼児期を越えて連続する課題としての文字習得を捉えることを可能にする視点だといえる。

　2点目は，保育実践における遊びの発展が，やりとりの充実を土台として初期リテラシー発達に作用していくことと，そのための方法を示した点である。

　幼児期の文字習得を取り巻く課題の現状把握と分析，他国の実践との比較，そこで抽出された条件をふまえての取り組みを通じて見えてきた，幼児期の文字習得の新たなありようを実質化していくには，日本の保育実践全体を貫く基本的な方向性をふまえたうえで，多くの保育者が無理なく取り組むことができる実践的な方法を提起していく必要がある。その際に鍵となるのは「遊びを通しての総合的な指導」という，日本の保育実践における中心的な価値の中に含ま

れている「遊び」をどのように考えるかという問題であった。

　このことについて，本書では「しんぶん」という，保育現場で従来，記録と評価の手段として使われてきた方法をアレンジして用いた。それによって，子どもの遊びと，それに伴うコミュニケーションの双方を発展させることができること，更にそれを保護者に公開することが，初期リテラシー発達へと結びつく，子どものコミュニケーションと表現のレパートリーを広げ，深める機会を増やすことを示した。

　日常の保育実践において，子ども自身が選び取った遊びを他者と共に楽しめる機会が準備されることは，子どもにとって，言葉を介して伝え合いたくなる内容と，それを共有する相手との関係を深めていくことにつながる。そのような機会を保育実践の中で豊富に準備するためには，保育者による適切な環境構成および援助とあわせ，これらの手立てが保育者にとって無理なく，かつ手応えをもって継続できるアプローチであることが不可欠の要素となる。そのような意味で本書によって提起した方法は，初期リテラシー発達の基礎となる遊びの発展とコミュニケーションを継続的に促し，文字を使って伝え合う学び手としてのアイデンティティの構築を，保育実践を通じて支えることへと結びつくと考えてよいだろう。

第2節　何のため，誰のための文字習得か

　本節では，以上でまとめた本研究の知見がどのような意義をもち，それによって何が可能になり，見えてくるかを，序章第3節で整理した，幼児期の文字習得とそれを支える保育実践を日本で展開するにあたっての，2つの研究上の論点と課題に沿って改めて検討する。そのうえで，本書の結論を述べる。

1.　幼児期から学童期を経て，生涯発達へ──「声」を発する主体として

　本書の成果の有する意義の一つは，幼児期の文字習得の課題を，学童期や生涯発達における課題と連続した軸の上で捉えることを可能にした点である。

　序章において整理した研究上の第1の論点は，学童期以降，特に生涯発達に

終章　保育における社会的関係から立ち上がる言葉

おける課題との連続的な視点をふまえて，幼児期の文字習得と，それを支える保育実践を検討することの必要性であった。このような点から本研究の成果として示されたのは，識字能力の獲得を超えて「文字を使って伝え合う」という側面に着目した際の文字習得のありようである。そこにおいて描かれた，話し言葉によるコミュニケーションから文字習得への連続性と，その先にめばえる，文字を使って自らの意思を伝え合う学び手としてのアイデンティティという視点は，序章でも触れたように，子どもの尊厳・権利と深いつながりをもつ，子どもの「声」という理念から一貫して理解することができる。本研究の知見のもつ意義を論じるに先立ち，子どもの「声」の特徴を次に整理する。

1）子どもの「声」とは何か

　子どもの「声」とは，子ども自身が発する言葉や音声のみを指すのではなく，子ども自身の興味・関心や要求，それを相手とのやりとりを通じて表現する行為の総体を含むものである。Brooks & Murray（2018）は，この子どもの「声」を，大人により積極的に聴き取られ，子どもたちの生活に影響する決定に対する実質的な貢献として価値づけられる子どもの意見・視点として定義する。またMurray（2019）は，子どもの「声」に関し，子どもに対する見方の多元的共存と，子どもの感情，信念，志向，希望，好みや態度を単に聴き取るにとどまらず，それらに注意を向けることに責任をもつことを強調する。これらに代表される，子どもの「声」に関わる近年の論考をふまえると，その特徴は以下の3点から整理できる。

　1点目は，それは単に子どもが何かを口頭で話すことや，そのための能力を指すのではなく，聴き取ろうとする大人の構えや，手段の提供とセットだということである。「児童の権利に関する条約（子どもの権利条約）」において，子どもの権利の基盤をなす一般原則の一つとして第12条に明記されている意見表明権は，子どもの「声」という考え方と深く関わっている。第12条の理念を詳しく説明している，国連子どもの権利委員会によって示された一般的意見（general comments）には，「意見表明権」が子どもの年齢や能力，その他の背景にかかわらず，全ての子どもに対し保障されていることがはっきり述べられ

181

ている（Committee on the Rights of the Child（以下，CRC），2009）。

つまり子どもの「声」とは，子どもの年齢や知的発達・言語発達を前提として成り立つものではなく，それぞれの子どもにおいて用いることが可能な多様な手段によって表現され，かつ聴き取られるべきものということになる。実際にCRC（2009）は，話し言葉の未発達等，仮に何らかの理由で言葉による表現が難しい場合には，遊びや身振り，表情，描画等，当該の子どもが理解し，選ぶことができるコミュニケーション方法が尊重される必要があることを指摘している。

2点目は，「声」とは，一人ひとりのもつ思いや意見の違い，また一人ひとりの中の思いの揺れ動きが尊重されている状態を指す，すなわち「多声性」を前提にした概念だということである。

Murray（2019）は，ロシアの文学・哲学研究者バフチンの論（Bakhtin, 1963 望月・鈴木訳 1995）を参照しながら，ともに子どもの「声」を示す表現である，children's voice と children's voices の2つを比較し，このことを論じている。その要点は，前者の voice においては，本来多様であるはずの個々の子どもの視点が1つに束ねられ，子ども間で共有されていることが前提とされており，個々の「声」を尊重する表現である，後者の voices とは根本的に異なるものだということである。つまり子どもの「声」に耳を傾け聴き取る営みとは，ある子ども集団，例えば特定の学年集団において子どもが求めるものや必要とするものを標準化し，一括りにして理解しようとするものではなく，マイノリティの子どものそれも含めた多様な「声」，更には個々の中でも揺らぎうる「声」を尊重し，保育・教育実践に反映させていく営みだということができる。

3点目は，子どもの「声」を聴き取る営みは，ただ単に大人と子どもとの間でコミュニケーションを密にとることを指すのではなく，子どもたち自身のこれからの生活に影響する決定に実質的に結びつく内容を含んだものだということである。

Cruddas（2007）は，子どもの「声」を示すいくつかの表現のうち，「生徒（students/pupils）の声」というフレーズが用いられるとき，子どもが学び手として，教師に従う地位に留め置かれがちである傾向を指摘する。つまりそこで

は，教師が学ぶこと，そして生徒が教えることはなく，大人と比べて子どもは
力がないと仮定されているということである。これに対し，保育・教育実践に
おいて子どもの「声」を聴き取る営みとは，本来，保育者・教師を含む大人が，
時に子どもの「声」から学び，発見する，もしくは子どもへの働きかけ方を振
り返ったり，再考したりするきっかけを得た際に初めて成立するものだといえ
る。その結果聴き取られた子どもの「声」は，その後の子どもたち自身の園生
活や学校生活のねらいや内容，それを支える実践に欠かせない要素として含み
込まれていくことになるはずである。つまり子どもの「声」を聴き取るとは，子
どもと大人の単なるコミュニケーションの頻度や親密さを指すのではなく，コ
ミュニケーションを通じて，教え手－学び手という両者の関係を時に流動化さ
せる営みとして理解できる。

2）子どもの「声」から捉える文字習得

　子どもの「声」とはこのように，子ども自身の能力の有無ではなく，大人に
よって聴き取られる構えや，そのための手立ての提供によって初めて具体化す
るものである。その際に前提となるのは，一人ひとり異なり，一人ひとりの中
でも揺らぐ，すなわち多声性を有した「声」であり，その「声」を聴き取る営
みは，大人が発見したり，子どもから教えられたりする過程をおのずと含み込
む。これら3つの特徴をもつ子どもの「声」の視点から，本研究において示さ
れた知見である幼児期の文字習得のありように対し，次の2点の理解を加える
ことができるだろう。それは書き言葉もまた，子どもの「声」を表現する手段
の1つとして，乳幼児期から学童期を経て，生涯発達に至る軸の中で理解でき
る点である。そしてもう1つは，そこから考えると，文字習得は文字を正しく
読み書きできることがゴールではなく，子どもが自らの「声」を発する手段と
して文字を用いたとき，初めて文字習得の達成とみなすことができる点である。
　本研究の成果からは，初期リテラシーの社会的側面の発達を念頭に実践がア
レンジされた結果，「声」を聴き取ろうとする相手とのやりとりの中で，幼児で
あっても文字のみを介した意思の伝え合いを成り立たせたり，その前段階とし
て考えられる，具体的な遊びや活動でのできごとを，文字を介して共有したり

する姿が見えてきた。いっぽうでその土台にある，子ども同士で遊びを発展させた先には，加齢によって直線的・平均的に進行するのではない文字習得の多様な姿が観察された。そこには第6章で示した自ら「しんぶん」をつくる子どものように，文字を使って実際に表現する姿につながった場合もあれば，話し言葉によるやりとりが発展したいっぽう，文字へのつながりが直接は見えない場合も含まれた。

　子どもの「声」という視点から考えると，子どもの意見表明の発達は，身振りや表情等を介して「声」を聴き取られ，汲み取られることが中心となる乳児期の表現に始まり，それはやがて話し言葉によるものを経て，書き言葉というジャンルがそこに加わっていく。それぞれの段階に至る時期は，認知発達等の子どもの内的な条件と，社会的環境等の外的条件との相互作用によって多岐にわたることが考えられる。一般に文字を使って伝え合う出発点である幼児期は，書けるが伝えられない，そもそもうまく書けない等，第1章や第4章での事例にあるように，文字使用のあり方にとりわけ多様な姿が見られる段階として理解できるだろう。なかでも，遊びにおけるやりとりの中で，いっけん書き言葉との直接的なつながりが見えにくい姿については，幼児期の文字習得を考えるうえで，どのように捉えることが適切だろうか。

　Vygotsky（1998）は，乳幼児期の言葉の発達に関する論考において，社会的なやりとりの手段としての言葉の機能について論じ，言葉の変化を理解する鍵は，子どもの個人的活動としてではなく，対話・協同・コミュニケーションの一部としてそれが検討されたときにめばえることを指摘した。このことをふまえると，文字習得を捉えるうえでも，文字を用いての子どもの表現が「声」として誰に向けて発信されようとしているか，その「声」を支える活動はどのように経験されてきたか，それを表現するためのレパートリーを子どもがどのような形で増やしてきたか等，文字に関わる活動が埋め込まれた文脈を含めて，そこにおける子どもの学びの構えの変化を示す必要がある。対話性を前提とする子どもの「声」という視点からは，このような社会的視点を手がかりとして，書き言葉への移行が生じる以前のコミュニケーションのありようをはじめとする，乳幼児期の言語発達全体にわたる過程の一部として文字習得を位置づけ，基礎

終章　保育における社会的関係から立ち上がる言葉

づけることができる。

　話し言葉による対話に書き言葉が加わる段階が多様であるとは，遊びの中で共有され，盛り上がった話し言葉でのコミュニケーションから書き言葉への移行が，幼児期に訪れる子どももいれば，もう少し後の学童期に始まる子どももいる，ということである。実際に第4章の「ぶんつう」の取り組みにおいて，約7割の子どもは大学生に手紙を書いたが，3割の子どもはそうしなかったことは，このような移行期の個人差を示唆するものとして理解できよう。

　この3割の子どもが手紙を書かなかった実際の背景はさまざまであるが，このことを子どもの「声」という視点から考えると，見るべきポイントは子どもが文字を使ったか否かではなく，文字やその他の手段を使って，自らの思いを表現する機会が保障されていたかどうかになるだろう。そのような機会を前にしたとき，文字を使って伝え合う姿を子どもが選び取ることもあれば，実際にはそうはならないことも特に幼児期の場合には数多くありうる。子どもの声という視点でこの姿を見たとき，把握し，保障すべきは，子どもが文字を使っているか否かではなく，いずれ文字による表現が加わる可能性を含めて，「声」を発するやりとりを子ども自身が選び取れる場が準備されていたか，そのうえで実際に子どもはどうしたかになるはずである。そのような意味で，子どもの「声」の視点から文字習得を捉える利点は，表面上は文字使用が現れていないケース等，文字使用の礎となるやりとりも含めて幼児期の子どもの姿を評価し，文字習得への発達過程を幅広く捉えていける点にある。

2．幼児期の文字習得を支える保育者の役割の変化

　本書の成果から導かれるもう一つの意義は，幼児期の文字習得を，初期リテラシー発達の社会的側面から描くことによって，実践における保育者の役割の変化が見えてきたことである。

　序章にて示された第2の論点は，保育実践現場で幼児期の文字習得の課題と向き合ううえで，実践の具体的な手がかりとなる研究成果が提示されているかという点であった。本書により示唆されたのは，初期リテラシーの社会的側面の発達を促す際に，保育実践における遊びの発展を介してめばえた，やりとり

185

の広がりと深まりが鍵になることである。このことを前項で論じた子どもの「声」という視点と合わせたとき，文字習得を促す実践における保育者の役割が，子どもに文字の読み書きや使い方を教える役割から，文字を使って表現しようとする子どもの「声」を聴き取り，それを組み込んで実践をアレンジし，次なる声を引き出す役割へと変化することが見えてくる。

　文字習得を子どもの「声」の視点から捉えるとき，文字習得はゴールではなく，「声」を伝える手段としてそれが活用されているかどうかがポイントとなることは前項で述べた。既に整理してきたように，子どもの「声」とは，大人がそれを聴き取る過程と，そのための手立てを前提とする。Murray（2019）が子どもの「声」を聴き取る構えとして指摘する「子どもの感情，信念，志向，希望，好みや態度に対し，単に聴き取るにとどまらず，注意を向けることに責任をもつ」とは，「声」の聴き手である大人が子どもにとって「発信したくなる相手」となることで，子どもの「声」を具体化させていく姿勢として理解できよう。その中で，子どもごとに異なる，更には一人の子どもの中でも変わりうる多声性を有するものとして「声」を聴き取ろうとする営みには，第5章で整理した「第2の学び」に相当する，大人の事前の想定を超えた意外な姿を捉え，遊びとそこにおけるやりとりを支える次の働きかけへとつなげていくことが含まれるはずである。

　ここからは，保育実践における遊びの発展が，やりとりの充実を土台として初期リテラシー発達に作用していくことは，「教える」から子どもの声を「聴き取る」という，保育者の役割の変化によって実現していくことが見えてくる。第6章と第7章における「しんぶん」によって遊びの発展を促す試みは，保育者が遊びの中の子どもの多様な「声」を聴き取る役割を果たし，そこからの発見を写真に撮って子どもに返すと同時に，子どもが遊びを発展させ，思いを表現したくなる場を子どもとつくっていく具体的な取り組みとして理解することができる。また第7章での保護者もまた，「しんぶん」を介して子どもの声を聴き取る役割を果たすことで，多様な対話の機会をつくり出すことに貢献し，子どもの次なる「声」を引き出す存在となったことが示唆される。

終章　保育における社会的関係から立ち上がる言葉

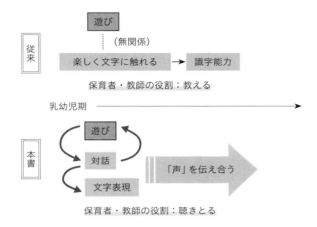

図終-1　保育実践を介した幼児期の文字習得とは
上：従来の視点，下：本書の視点

3．本書の知見のもつ意義と結論

　これまでに述べてきた本書の知見および意義から導かれる，保育実践を介した幼児期の文字習得の捉え方について，従来のものとの比較を図終-1にまとめる。従来の研究および保育実践において，文字習得と遊びの課題は基本的に別個のものとして扱われてきた。文字習得と遊びの結びつきは，「楽しく文字や言葉を学ぶ」実践の一環として捉えられることはあったものの，第5章で触れたように，それは保育実践における「遊びを通しての学び」によって期待されるものの一部にすぎなかったといえる。いっぽう，文字習得にあたって保育者や教師に期待されている役割は，子どもに文字知識を正しく「教える」ことであった。

　これに対し本書を通じて明らかにされたのは，幼児期の文字習得は脱文脈的な識字能力の獲得ではなく，文字を使って意思を表現し，伝え合う営みであること，その過程において，遊びの発展に伴うやりとりの充実が，書き言葉を使った表現と伝え合いの発達に作用していくことであった。それは学童期以降，生涯発達の過程において「声」を発する主体としてふるまうための礎となる。そ

の際に保育者に求められる役割は，子どもに正しい読み書きを教える従来のものから，文字を介して子どもから発せられる「声」を聴き取ることへと変わっていく。そのような意味で，保育実践を介して幼児期の文字習得を支えることは，意見表明権の保障という形で，子どもの尊厳と権利を具体的に実践する過程を形づくるものだといえるだろう。

　以上のように，本書では，保育実践における遊びと対話の相互的な発展から文字表現が生まれ，発達するさまを示した。それは子どもが「声」を伝え合う手段として，学童期を経て，生涯発達の過程において文字を用いた意見表明を展開していく出発点となる。その過程において保育者・教師に求められる役割は，対話を通じて文字表現として発せられた，または発せられようとしている子どもの「声」を聴き取ることとなる。それは，従来の研究や実践において，「遊び」と「文字習得」が区別して考えられ，保育者・教師に求められる役割として文字等の知識を「教える」ことを想定してきたパラダイムとは，根本的に異なるものである。

第3節　これからの取り組みに向けて

1．残された課題

　本書の取り組みを経て残された課題として，以下の3点が考えられる。

1）　文字習得を捉える指標のわかりやすさと客観性

　1つ目は，本書で提起した「幼児期の文字習得」を捉える指標のわかりやすさと客観性に関連する問題である。本書では幼児期の文字習得を捉えるために，読み書きできる文字数に代表される識字能力に関わる指標から，文字使用の実態に焦点をあて，遊びの発展に伴うコミュニケーションの広がりや深まりといった指標に焦点をあてていくことを提起した。しかしながら，数値で表せる従来の指標に比べ，このような定性的な指標は一般にはわかりにくさをもつことも事実である。

　このことと関連して，第5章では，事前に定められた指標のみから子どもの

終章　保育における社会的関係から立ち上がる言葉

遊びや学びの姿を評価することの問題性を述べた。文字習得を捉える指標の問題もまた，子どもの学びの成果をどのように評価すべきか，という，一般的な問題と連続した視点から考えることができるだろう。

Torrance & Pryor（2001）は，学びの成果を捉える教育評価のあり方として，収束的アセスメント（convergent assessment）と拡散的アセスメント（divergent assessment）の 2 つの方向性を整理している。収束的アセスメントとは，事前に定められた，標準化された客観的な指標により，学び手が既に知っている・理解できていることを捉え，学びの成果を記録する方法である。いっぽう拡散的アセスメントとは，学び手が何を知っていこうとしているか，理解しようとしていくかを捉えることで，学びの成果を把握する方法である。一般に総括的評価などには収束的アセスメントが用いられ，本書の課題として示した，実践現場での日々の取り組みの見直しとして用いられる形成的評価法には，拡散的アセスメントが向いているとされている。

評価方法の妥当性と信頼性を担保するにあたり，従来型の収束的アセスメントにおいて大切にされてきたのは，標準的な基準に沿って評価がなされ，観察者や場所に左右されない一貫性が保持されることであった。拡散的アセスメントにおいて同様の条件を担保するには，基本的に異なる方法論が必要になると考えられる。それは，対象を捉える方法ならびに評価内容の透明性と，それに関わる関係者が対話し，合意できる場を設けることで，その妥当性と信頼性を担保していくという方向性である。

本書では，遊びの発展とそこにおけるコミュニケーションおよび表現のレパートリーの広がり，その結果として「声」を発することが，異なる文脈にどのように拡張され，学び手としてのアイデンティティを発達させたかという開かれた視点に沿い，幼児期の文字習得を評価することを試みた。「しんぶん」として取り組んだ，写真という誰にでも理解しやすい媒体を用いて，子ども，作成者以外の保育者，保護者をはじめとする関係者の参加と，そこでの解釈を話し合える場を保障する方法は，従来とは異なる形で幼児期の文字習得を捉える方法の妥当性と信頼性を担保するあり方として考えることができる。

いっぽうで例えば併存的妥当性という観点からは，本書の方法により捉えら

189

れた子どもの姿が，既存の尺度で測定される初期リテラシーに関わる項目とどのように関係しているかを検討することも必要になろう。例えば，読字数や読みの流暢さ，書きの正確性や語彙知識と，本書によって提起されたアプローチとの関係性を更に検討することは今後の課題である。

2) 文字習得の個人差とどう向き合うか

　2つ目の課題は，本書の提起する手法での，リテラシー活動に向き合う子どもの個人差をどう考えるかという問題である。本書では，子どもの日常的な遊びに埋め込まれた形で初期リテラシー発達を促す活動が実現されると考え，それを支える試みを進めてきた。そのような中では，文字を使って伝え合う活動に当初から興味をもっている子どもは自ら文字を介した活動にアプローチするが，その逆もまたありうるという状況が考えられる。実際に第4章の結果にも示されているように，子どもが文字を使いたくなる環境として準備した活動に対し，それにどの程度従事するかには個人差が現れる。前節でも述べたように，第4章の取り組みにおいて，およそ7割の4～5歳児が自ら手紙を書いたということは，3割の子どもはそうしなかったということでもある。その背景は一様ではないものの，そのような様子は，一律に文字を扱う活動を設定し，ほぼ全員の子どもにそこに従事させる取り組みとは，乖離があることも事実であろう。

　いっぽうで考えるべきポイントは，一律に文字を扱う活動を設定するアプローチにおいて，個人差の問題は生じていないといえるか，という点にある。文字に対する興味・関心の差という点から考えると，一律に活動に従事させる取り組みは，形式的には全員に均等に機会を提供しているように見えるいっぽう，子どもがその活動に進んで取り組みたくなっているか，という方向に視点を変えてみれば，その機会がどの子どもにも平等に提供されているとは言いがたい。そのような意味で，子ども自身が選び取った遊びの発展を土台として，文字習得の機会を提供する本書の試みは，子どもに対して一律に課題を提供するアプローチとは視点が異なる。それは「子ども自身が進んで文字に関わる活動に取り組みたくなる，新たな選択肢を提供できているか」という観点から，文字習得の個人差に実践を通じて向き合う試みとして位置づけることができる。

終章　保育における社会的関係から立ち上がる言葉

　第4章の結果は，文字に関心がなかった子どもたちへも，文字への関心とそれを使って伝え合いたくなる活動の選択肢を実際に増やしていけること，それは子どもの文字を使って伝え合う構えの変化と，それを捉えた実践者の工夫を引き出すことを教えてくれる。ここからは，前節で触れた子どもの「声」という視点から幼児期と学童期の課題を一貫して捉えるならば，仮に文字への直接的なつながりが見えていなかったとしても，幼児期においてはその前提となるやりとりの機会の保障が大事になる，ということがいえるだろう。

　そう考えると，文字習得における個人差の問題を理解する際には，幼児期に文字を使い始めるか否かという，外的な活動の有無が大事なのではない。幼児期の文字習得を促す際のポイントは，子どもが意見表明する権利が保障され，そのような場が具体的に設けられるかどうかとなるはずである。文字を使いたくなる場と時間が保障されていたとして，それを選ぶのは子どもである。そのような場は，「声」を生み出す主体としての発達，子どもの学び手としてのアイデンティティの発達へと結びついていくだろう。

3）「遊び」の発展を介した話し言葉の発達から，書き言葉への移行をどう考えるか

　3つ目の課題は，初期リテラシー発達を促す経験に結びつく，遊びの質と発展をどう考えることができるかという問題である。第6章，第7章で提起した，子どもが選び取る遊びを発展させることを重視するアプローチにおいては，子どもが楽しく活動してさえいれば，いずれの遊びも初期リテラシー発達につながるものとみなしてよいのだろうか。

　初期リテラシー発達という観点から考えたとき，「楽しければどんな遊びでも文字習得の土台となる」と考えてよいかどうかは議論の余地があるものの，活動において子どもが自ら「声」を表し，大人の予想を超えて自らコミュニケーションと表現のレパートリーを広げていく，更に子どもが文字を使って発信する学び手として，その姿を異なる文脈へと拡張していくうえで，子どもにとっての「楽しさ」そのものは欠かすことができない要素と考えられる。遊びにおける「楽しさ」は，子どもの視点からは「したくなる」こととして言いかえる

191

ことができる。このことについて第1章の成果が示したのは，書ける，すなわち「できる」ことと，それが実際に使える，すなわち「したくなる」間の隔たりであった。第6章で論じた「遊びの発展」を支えるとは，その活動を自ら「したくなる」ことを，初期リテラシー発達に結びつく遊びの質に必須の条件とみなすことでもある。

　遊びの発展を支える保育者の役割に焦点をあてたとき，保育者が初期リテラシー発達を促す実践を改めて意識しつつ，子どもの「声」を聴き取り，取り込むことが鍵となる。そこにおける手立てを動的，かつ他の保育者と協働的に探究し，検討していくことによって，文字習得を支える保育実践は「何でもあり」とはおのずと異なるものになっていくだろう。遊びの発展をどのように支えるか，それを言葉でのやりとり，更に書き言葉の発達に結びつけていくために，どのような環境構成が必要か。その前提となる，遊びの発展とそこにおける対話に不可欠であるドキュメンテーションは，その必要性と効果について保育実践者の間で幅広く理解が進んでいるものの，「作成に時間がかかる」等の理由から，保育者にとって負荷とみなされがちであることも少なくない（Knauf, 2017）。写真を用いたドキュメンテーションを応用した本書の独自の手法は，共同研究者である実践者と共に，作成における負荷を軽減できるように工夫したものである。それが他園や他の保育者でも一般化できるかどうか，発展する遊びの中でどのように子どもの姿を捉え，何をどう文字習得につながるとみなすかは，引き続き今後とも検討を必要とする課題である。

2. 子どもの「声」と権利の実現へ

　本書の知見は，自ら「声」を発する子どもを育むことと深く関わる。保育実践における幼児期の文字習得を支える新しい可能性として，子どもの「声」という視点に基づきそれを捉えようとする本書の試みは，「できる－できない」のモデルから把握される知識獲得ではなく，子どもが「したくなる」場がいかに準備されているかという形で問題を捉え直すという意味で，対話性を前提とする，社会構成主義的な学び観に基づくアプローチとして位置づけることができる。この観点は，子どもの「声」すなわち子どもの意見表明という視点とあわ

終章　保育における社会的関係から立ち上がる言葉

せ，幼児期の初期リテラシーの問題を，学童期そして生涯発達における課題と連続的に捉えることを可能にする。

　幼児期に初期リテラシーが育まれる場を保障されることが，子どもの学童期の経験，そしてその後の生涯発達へとどのように接続されるか。幼児期において保障される「声」を表現したくなる場を構成する条件は，学童期において互いの意見を表明し，考え合い，その後の人生において民主的な社会の基盤をつくることへとどう結びついていくのか。子どもの意見表明権は，日本も批准している子どもの権利条約（児童の権利に関する条約）における中心的な権利の一つでありながら，実際には子どもの生活に関わる決定がなされる場面において，それが十分に省みられてきていない実態がある（北林, 2020）。子どもの権利の保障は，理念的な議論のみによって支えられるものではなく，実践を通じて支えられて初めて現実化する。このような観点から考えたとき，文字習得は子どもの意見表明権を実現する具体的な手段として，幼児期だけで完結するものではなく，話し言葉の萌芽期である乳児期から，その後の学童期，更には生涯発達に向けての一貫した言葉の視点から捉えていくことが妥当であろう。

　本書の成果を幼児期以外を対象にする諸研究と接続していくこと，幼児期の文字習得の役割を子どもの尊厳と権利，なかでも意見表明権が言語発達を通じて具体化していく過程として捉えていくこと。この点は，幼児期の子どもの保育・子育ての研究と実践に関わる私たちにとって，今後取り組むべき課題といえるのではないだろうか。

193

文　献

天野　清（1986）．子どものかな文字の習得過程　秋山書店

天野　清（2006）．学習障害の予防教育への探究——読み・書き入門教育プログラムの開発——　中央大学出版部

東　洋（研究代表者）(1995)．幼児期における文字の獲得過程とその環境的要因の影響に関する研究　平成4-6年度科学研究費補助金（総合研究A）研究成果報告書

Bakhtin, M.（1963）. *Problems of Dostoevsky's poetics.* Moscow: Khudozhestvennaja literatura.（バフチン，M.　望月哲男・鈴木淳一（訳）(1995)．ドストエフスキーの詩学　筑摩書房）

Barton, D.（2007）. *Literacy: An introduction to the ecology of written language*（2nd ed.）. Malden, MA: Blackwell.

ベネッセ教育総合研究所（2008）．第3回 子育て生活基本調査（幼児版）[2008年]　Retrieved from https://berd.benesse.jp/shotouchutou/research/detail1.php?id=3284（2024年7月15日閲覧）

ベネッセ教育総合研究所（2013）．幼児期から小学1年生の家庭教育調査　報告書[2012年]　Retrieved from https://berd.benesse.jp/jisedai/research/detail1.php?id=3200（2024年7月15日閲覧）

ベネッセ教育総合研究所（2019）．第3回 幼児教育・保育についての基本調査[速報版]　Retrieved from https://berd.benesse.jp/up_images/research/All_web.pdf（2024年7月15日閲覧）

Bennett, J.（2007）. Achieving successful transitions. In M. Woodhead, & P. Moss（Eds.）, *Early Childhood in Focus 2: Early childhood and primary education: Transitions in the lives of young children*（pp. 60–61）. Milton Keynes: Open University.

Bronfenbrenner, U.（1979）. *The ecology of human development: Experiments by nature design.* Cambridge: Harvard University Press.（ブロンフェンブレンナー，U.　磯貝芳郎・福富　護（訳）(1996)．人間発達の生態学（エコロジー）——発達心理学への挑戦——　川島書店）

Brooks, E., & Murray, J.（2018）. Ready, steady, learn: School readiness and children's voices in English early childhood settings. *Education 3–13, 46*（2）, 143–156. doi: 10.1080/03004279.2016.1204335

Burgess, K. A., Lundgren, K. A., Lloyd, J. W., & Pianta, R. C.（2001）. Preschool teachers' self-reported beliefs and practices about literacy instruction. *CIERA Report, #2–012.* Ann Arbor, MI: University of Michigan, Center for the Improvement of Early Reading Achievement. Retrieved from http://files.eric.ed.gov/fulltext/ED452513.pdf（2024年7月15日閲覧）

Burke, R. S., & Duncan, J.（2015）. *Bodies as sites of cultural reflection in early childhood education.* New York: Routledge.（バーク，R.・ダンカン，J.　七木田敦・中坪史典（監訳）(2017)．文化を映し出す子どもの身体——文化人類学からみた日本とニュージーランドの幼児教育——　福村出版）

Carr, M.（2001）. *Assessment in early childhood settings: Learning stories.* London: Paul Chapman.（カー，M.　大宮勇雄・鈴木佐喜子（訳）(2013)．保育の場で子どもの学びをアセスメントする——「学びの物語」アプローチの理論と実践——　ひとなる書房）

Carr, M., & Lee, W.（2012）. *Learning stories: Constructing learner identities in early education.* London: SAGE.（カー，M.・リー，W.　大宮勇雄・塩崎美穂・鈴木佐喜子・松井剛太（監訳）(2020)．学び

195

手はいかにアイデンティティを構築していくか――保幼小におけるアセスメント実践「学びの物語」 ―― ひとなる書房)

Carr, M., & Lee, W. (2019). *Learning stories in practice*. London: SAGE.

Cash, A. H., Cabell, S. Q., Hamre, B. K., DeCoster, J., & Pianta, R. C. (2015). Relating prekindergarten teacher beliefs and knowledge to children's language and literacy development. *Teaching and Teacher Education*, *48*, 97–105. doi: 10.1016/j.tate.2015.02.003

Clark, A. (2017). *Listening to young children: A guide to understanding and using the mosaic approach*. London: Jessica Kingsley Publishers.

Committee on the Rights of the Child (CRC). (2009). *General comment No. 12* (2009): *The right of the child to be heard*. Retrieved from https://www2.ohchr.org/english/bodies/crc/docs/AdvanceVersions/ CRC-C-GC-12.pdf (2024 年 7 月 15 日閲覧).

Cruddas, L. (2007). Engaged voices—dialogic interaction and the construction of shared social meanings. *Educational Action Research*, *15* (3), 479–488. doi: 10.1080/09650790701514937

Dahlberg, G., Moss, P., & Pence, A. (2013). *Beyond quality in early childhood education and care: Languages of evaluation* (3rd ed.). London: Routledge.

David, T., & Goouch, K. (2001). Early literacy teaching: The 'third way'. *Education 3–13*, *29* (2), 19–24. doi: 10.1080/03004270185200171

David, T., Raban, B., Ure, C., Goouch, K., Jago, M., Barriere, I., & Lambirth, A. (2000). *Making sense of early literacy: A practitioner's perspective*. Stoke on Trent: Trentham.

Dyson, A. H. (2003). "Welcome to the jam": Popular culture, school literacy, and the making of childhoods. *Harvard Educational Review*, *73* (3), 328–361.

Dyson, A. H. (2013). *ReWRITING the basics: Literacy learning in children's cultures*. New York: Teachers College Press.

Dyson, A. H. (2020). "We're playing sisters, on paper!": Children composing on graphic playgrounds. *Literacy*, *54* (2), 3–12.

Elliott, J. (1991). *Action research for educational change*. Milton Keynes: Open University Press.

布施光代・小平英志・安藤史高 (2006). 児童の積極的授業参加行動の検討――動機づけとの関連および学年・性による差異―― 教育心理学研究, *54* (4), 534–545.

Goouch, K. (2010). *Towards excellence in early years education: Exploring narratives of experience*. London: Routledge.

Hall, K. (2003). Effective literacy teaching in the early years of school: A review of evidence. In N. Hall, J. Larson, & J. Marsh (Eds.), *Handbook of Early Childhood Literacy* (pp. 315–326). London: Sage Publications.

濱名陽子 (2011). 幼児教育の変化と幼児教育の社会学 教育社会学研究, *88*, 87–102.

Harris, P. (2017). In dialogue with children: Exploring Children's views of literacy practices in their early childhood settings. In C. J. McLachlan, & A. W. Arrow (Eds.), *Literacy in the Early Years* (pp. 21–41). Singapore: Springer.

林安希子 (2019). 幼児教育のエスノグラフィ――日本文化・社会の中で育ちゆく子どもたち 明石書店

何　玲慈（2015）．「是大鎚子胖？　還是雙頭叉胖？」――菜圃，沙坑旁的「工具屋」――　探索…愛彌兒的世界（*Exploring Emile Early Childhood Education Institution: Emile Early Childhood Education Foundation*），*32*, 18–27.

Hegde, A. V., Sugita, C., Crane-Mitchell, L., & Averett, P.（2014）. Japanese nursery and kindergarten teachers' beliefs and practices regarding developmentally appropriate practices. *International Journal of Early Years Education, 22*（3）, 301–314. doi:10.1080/ 09669760.2014.948390.

Hur, E., Buettner, C. K., & Jeon, L.（2015）. The association between teachers' child-centered beliefs and children's academic achievement: The indirect effect of children's behavioral self-regulation. *Child & Youth Care Forum, 44*, 309–325. doi: 10.1007/s10566-014-9283-9

一見真理子（2008）．中国：全人民の資質を高める基礎「早期の教育」――競争力と公平性の確保――　泉　千勢・一見真理子・汐見稔幸（編）　世界の幼児教育・保育改革と学力（pp. 214–241）　明石書店

石黒万里子（2017）．英国における乳幼児期の教育とケア（ECEC）の転型論――OECD報告書『人生の始まりこそ力強く（Starting Strong）』を手がかりに――　日英教育研究フォーラム，*21*, 71–84.

石黒万里子・加藤美帆（2012）．英国におけるEYFSプロファイルにそった乳幼児期の個人記録作成の方法　中村学園大学発達支援センター研究紀要, *3*, 1–10.

Justice, L. M., Mashburn, A. J., Hamre, B. K., & Pianta, R. C.（2008）. Quality of language and literacy instruction in preschool classrooms serving at-risk pupils. *Early Childhood Research Quarterly, 23*, 51–68. doi: 10.1016/j.ecresq.2007.09.004

神田英雄（2009）．保育の中の子ども理解　神田英雄・村山祐一（編）　保育とは何か――その理論と実践――（pp. 59–92）　新日本出版社

加藤弘通（2011）．教育臨床の批判心理学的再構成　心理科学, *32*（2）, 42–48.

河崎道夫（1994）．あそびのひみつ――指導と理論の新展開――　新保育論3　ひとなる書房

加用文男（1990）．子ども心と秋の空――保育の中の遊び論――　ひとなる書房

北林雅洋（2020）．一斉休校と子どもの権利　理科教室, *788*, 94–95.

Knauf, H.（2017）. Documentation as a tool for participation in German early childhood education and care. *European Early Childhood Education Research Journal, 25*（1）, 19–35. doi: 10.1080/1350293X. 2015.1102403.

Knight, S.（2013）. *Forest school and outdoor learning in the early years*（2nd ed.）. London: SAGE.

教育部（2013）．幼兒園教保活動課程暫行大綱　台湾：教育部國民及學前教育署

Li, H., & Rao, N.（2000）. Parental influences on Chinese literacy development: A comparison of preschoolers in Beijing, Hong Kong, and Singapore. *International Journal of Behavioral Development, 24*（1）, 82–90. doi: 10.1080/016502500383502

Li, H., Rao, N., & Tse, S.K.（2012）. Adapting Western pedagogies for Chinese literacy instruction: Case studies of Hong Kong, Shenzhen, and Singapore preschools. *Early Education and Development, 23*（4）, 603–621. doi: 10.1080/10409289.2010.536441

Liang, Z. S., Li, H., & Wu, Y. X.（1997）. Essential problems of Chinese literacy education in kindergartens (in Chinese). *Preschool Education*（Beijing）, *1*, 2–4.

Lim, C.（2010）. Understanding Singaporean preschool teachers' beliefs about literacy development: Four different perspectives. *Teaching and Teacher Education, 26*, 215–224. doi: 10.1016/j.tate.2009.04.003

Luria, A. R. 天野 清（訳）(1982). 言語と意識 金子書房（Original work published 1979）

Lynch, J. (2009). Preschool teachers' beliefs about children's print literacy development. *Early Years, 29* (2), 191–203. doi: 10.1080/09575140802628743

Mackenzie, N. M., Hemmings, B., & Kay, R. (2011). How does teaching experience affect attitudes towards literacy learning in the early years? *Issues in Educational Research, 21* (3), 281–294. Retrieved from http://www.iier.org.au/iier21/mackenzie.html（2024 年 7 月 15 日閲覧）

前田敬子（2018）. 年長児の手紙の深慮表現——幼小接続の観点から—— 仁愛女子短期大学研究紀要, *50*, 89–96.

松井剛太（2015）. 保育所における保護者の保育参加を目指したポートフォリオの作成 乳幼児教育学研究, *24*, 39–49.

松本博雄（2014）. 二つの時間軸から保育を見直す——自分と異なる相手とリスペクトし合える関係を育む保育—— 現代と保育, *90*, 113–133.

McKenney, S., & Bradley, B. (2016). Assessing teacher beliefs about early literacy curriculum implementation. *Early Child Development and Care, 186* (9), 1415–1428. doi: 10.1080/03004430.2015.1096784

箕輪潤子（2009）. 日本における保育の質の評価と日本版 SICS 保育環境の質尺度の開発と保育研修利用に関する調査研究 厚生労働省科学研究費補助金 政策科学総合研究事業 平成 21 年度総括研究報告書, 157–161.

水戸部修治 (2016). 「書くこと」の指導のねらいと授業づくりのポイント 初等教育資料, *943*, 50–51.

文部科学省（2021）. 学校教員統計調査——令和元年度（確定値）結果の概要—— Retrieved from https://www.mext.go.jp/b_menu/toukei/chousa01/kyouin/kekka/k_detail/1395309_00001.htm（2024 年 7 月 15 日閲覧）

森 眞理（2016）. ポートフォリオ入門——子どもの育ちを共有できるアルバム—— 小学館

村石昭三・天野 清（1972）. 幼児の読み書き能力 国立国語研究所報告 45 東京書籍

Murray, J. (2019). Hearing young children's voices. *International Journal of Early Years Education, 27* (1), 1–5. doi: 10.1080/09669760.2018.1563352

無藤 隆・遠藤めぐみ・坂田理恵・武重仁子（1992）. 幼稚園児のかな文字の読みと自分の名前の読みとの関連 発達心理学研究, *3* (1), 33–42.

Newman, S., & Roskos, K. (1997). Literacy knowledge in practice: Contexts of participation for young writers and readers. *Reading Research Quarterly, 32* (1), 10–32.

日本保育学会課題研究委員会（2011）. 質の高い遊びとは何か？——遊びの質を規定するための条件—— 保育学研究, *49* (3), 51–60.

日本保育学会課題研究委員会（2014）. 遊びの質をどう捉えるか 保育学研究, *52* (3), 105–118.

西川由紀子（2013）. かかわりあって育つ子どもたち——2 歳から 5 歳の発達と保育—— かもがわ出版

OECD. (2006). *Starting strong II: Early childhood education and care.* Paris: OECD Publishing. doi:10.1787/9789264035461-en（星 三和子・首藤美香子・大和洋子・一見真理子（訳）(2011). OECD 保育白書——人生の始まりこそ力強く：乳幼児期の教育とケア（ECEC）の国際比較—— 明

文　献

石書店)

OECD. (2015). *Starting strong IV: Monitoring quality in early childhood education and care.* Paris: OECD Publishing. doi:10.1787/9789264233515-en

岡本夏木（1985）．　ことばと発達　岩波書店

Pyle, A., & Danniels, E. (2017). A continuum of play-based learning: The role of the teacher in play-based pedagogy and the fear of hijacking play. *Early Education and Development, 28* (3), 274–289. doi: 10.1080/10409289.2016.1220771

Pyle, A., Poliszczuk, D., & Danniels, E. (2018). The challenges of promoting literacy integration within a play-based learning kindergarten program: Teacher perspectives and implementation. *Journal of Research in Childhood Education, 32* (2), 219–233. doi: 10.1080/02568543.2017.1416006

Reynolds, B., & Duff, K. (2016). Families' perceptions of early childhood educators' fostering conversations and connections by sharing children's learning through pedagogical documentation. *Education 3–13, 44* (1), 93–100. doi: 10.1080/03004279.2015.1092457

Richardson, T. (2014). Speech and language development in a forest school environment: An action research project. *SAGE Research Methods Cases.* London: SAGE. doi: 10.4135/978144627305014 531366

Richardson, T., & Murray, J. (2017). Are young children's utterances affected by characteristics of their learning environments? A multiple case study. *Early Child Development and Care, 187* (3–4), 457–468. doi: 10.1080/03004430.2016.1211116

Rinaldi, C. (2006). *In dialogue with Reggio Emilia: Listening, researching and learning.* London: Routledge. （リナルディ，C.　里見　実（訳）(2019)．　レッジョ・エミリアと対話しながら——知の紡ぎ手たちの町と学校——　ミネルヴァ書房）

Rintakorpi, K., Lipponen, L., & Reunamo, J. (2014). Documenting with parents and toddlers: A Finnish case study. *Early Years, 34* (2), 188–197. doi: 10.1080/09575146.2014.903233

Rintakorpi, K., & Reunamo, J. (2017). Pedagogical documentation and its relation to everyday activities in early years. *Early Child Development and Care, 187* (11), 1611–1622. doi: 10.1080/03004430. 2016.1178637

Sandvik, J. M., van Daal, V. H. P., & Ader, H. J. (2014). Emergent literacy: Preschool teachers' beliefs and practices. *Journal of Early Childhood Literacy, 14* (1), 28–52. doi: 10.1177/1468798413478026

佐藤智恵（2018）．　幼児はどのように文字を使用して遊んでいるのか——領域「環境」における文字に注目して——　教職課程・実習支援センター研究年報（神戸親和女子大学），*1*, 97–105.

佐藤　学（1998）．　教師の実践的思考の中の心理学　佐伯　胖・宮崎清孝・佐藤　学・石黒広昭（編）　心理学と教育実践の間で（pp. 9–55）　東京大学出版会

Scull, J., Nolan, A., & Raban, B. (2012). Young learners: Teachers' conceptualisation and practice of literacy in Australian preschool contexts. *International Journal of Early Years Education, 20* (4), 379–391. doi: 10.1080/09669760.2012.743101

Sénéchal, M., LeFevre, J., Smith-Chant, B. L., & Colton, K. V. (2001). On refining theoretical models of emergent literacy the role of empirical evidence. *Journal of School Psychology, 39* (5), 439–460. doi:

10.1016/S0022-4405（01）00081-4

島村直己・三上廣子（1994）．幼児のひらがなの習得——国立国語研究所の 1967 年の調査との比較を通して—— 教育心理学研究, *42*（1）, 70–76.

清水裕士（2016）．フリーの統計分析ソフト HAD——機能の紹介と統計学習・教育，研究実践における利用方法の提案—— メディア・情報・コミュニケーション研究, *1*, 59–73.

汐見稔幸（2008）．日本の幼児教育・保育改革のゆくえ——保育の質・専門性を問う知的教育—— 泉千勢・一見真理子・汐見稔幸（編）世界の幼児教育・保育改革と学力（pp. 335–349）明石書店

塩崎美穂（2008）．地域センターにおける総合的な「保育」の場——イギリス視察訪問（1）—— お茶の水女子大学「幼・保・大」連携保育研究の試み（18）幼児の教育, *107*（6）, 58–63.

Smith, K. (2021). The playful writing project: Exploring the synergy between young children's play and writing with Reception class teachers. *Literacy*, *55*（3）, 149–158. doi: 10.1111/lit.12256

Sverdlov, A., Aram, D., & Levin, I. (2014). Kindergarten teachers' literacy beliefs and self-reported practices: On the heels of a new national literacy curriculum. *Teaching and Teacher Education*, *39*, 44–55. doi: 10.1016/j.tate.2013.12.004

Swann, M., Peacock, A., Hart, S., & Drummond, M. J. (2012). *Creating learning without limits*. Maidenhead: Open University Press.（スワン, M.・ピーコック, A.・ハート, S.・ドラモンド, M. J. 新井浅浩・藤森裕治・藤森千尋（訳）(2015)．イギリス教育の未来を拓く小学校——「限界なき学びの創造」プロジェクト—— 大修館書店）

Sylva, K., Chan, L. L. S., Melhuish, E., Sammons, P., Siraj-Blatchford, I., & Taggart, B. (2011). Emergent literacy environments: Home and pre-school influences on children's literacy development. In S. B. Neuman, & D. K. Dickinson (Eds.), *Handbook of early literacy research* (Vol. 3, pp. 97–117). New York: The Guilford Press.

Tafa, E. (2008). Kindergarten reading and writing curricula in the European Union. *Literacy*, *42*（3）, 162–170. doi: 10.1111/j.1741-4369.2008.00492.x

高橋 登（1997）．幼児のことば遊びの発達——"しりとり"を可能にする条件の分析—— 発達心理学研究, *8*（1）, 42–52.

高橋 登（1999）．子どもの読み能力の獲得過程 風間書房

高橋 登（2015）．子どもの読み書き能力とつまずき 発達, *141*, 29–33.

高野牧子・堀井啓幸（2013）．イギリスにおける幼小連携の現状と課題（その 1）——ロンドンにおける事例調査から—— 山梨県立大学人間福祉学部紀要, *8*, 37–48.

滝口圭子（2019）．就学前後の子どもたち 心理科学研究会（編）新・育ちあう乳幼児心理学——保育実践とともに未来へ——（pp. 208–226）有斐閣

田中浩司（2014）．集団遊びの発達心理学 北大路書房

Teale, W. H., & Sulzby, E. (1986). *Emergent literacy: Writing and reading*. Norwood, NJ: Ablex Publishing Corporation.

Theodotou, E. (2018). Using different art forms to investigate the impact on children's involvement in literacy activities. *Education 3–13*, *47*（6）, 637–651. doi: 10.1080/03004279.2018.1515969

Tobin, J., Hsueh, Y., & Karasawa, M. (2009). *Preschool in three cultures revisited: China, Japan, and the*

United States. Chicago: University of Chicago Press.

Torrance, H., & Pryor, J.（2001）. Developing formative assessment in the classroom: Using action research to explore and modify theory. *British Educational Research Journal, 27*（5）, 615–631.

内田伸子（1989）．物語ることから文字作文へ——読み書き能力の発達と文字作文の成立過程——　読書科学, *33*（1）, 10–24.

内田伸子（2012）．日本の子育ての格差——学力基盤力の経済格差は幼児期から始まっているか——　内田伸子・浜野　隆（編）　世界の子育て格差——子どもの貧困は超えられるか——（pp. 1–18）　金子書房

Uchida, N., & Ishida, Y.（2011）. What counts the most for early literacy acquisition?: Japanese data from the cross-cultural literacy survey of GCOE project. *PROCEEDINGS: Science of human development for restructuring the "gap widening society" SELECTED PAPERS, 13*, 37–44. Retrieved from http://hdl.handle.net/10083/51422（2024年7月15日閲覧）

内田伸子・菊地紫乃・翟　宇華（2009）．幼児のリテラシー習得に及ぼす社会文化的要因の影響：日本・韓国・中国・ベトナム・モンゴル国際比較調査——お茶の水女子大学・ベネッセ共同研究2008年日本調査報告——　お茶の水女子大学グローバルCOEプログラム「格差センシティブな人間発達科学の創成」拠点国際格差班プロジェクト報告書

請川滋大・高橋健介（2016）．ドキュメンテーションの意義　請川滋大・高橋健介・相馬靖明（編）　保育におけるドキュメンテーションの活用（pp. 4–11）　ななみ書房

Ure, C., & Raban, B.（2001）. Teachers' beliefs and understandings of literacy in the pre-school: Pre-school literacy project stage 1. *Contemporary Issues in Early Childhood, 2*（2）, 157–168.

Vygotsky, L. S.（1998）. Early childhood. In R. W. Rieber（Ed.）, *The collected works of L. S. Vygotsky Vol.5: Child psychology*（pp. 261–281）. NY: Plenum Press.

Wallace, W.（2005）. *Oranges and lemons: Life in an inner city primary school*. Abingdon: Routledge.（ウェンディ，W.　藤本　卓（訳）（2009）．あきらめない教師たちのリアル——ロンドン都心裏，公立小学校の日々——　太郎次郎社エディタス）

Walters, K.（2006）. Capture the moment: Using digital photography in early childhood settings. *Research in Practice Series, 13*（4）, 1–22. Retrieved from https://files.eric.ed.gov/fulltext/ED497542.pdf（2024年7月15日閲覧）

翁　麗芳（2008）．台湾：過度な早期教育熱は改まるか？——教育偏重から「教育とケア」へ——　泉千勢・一見真理子・汐見稔幸（編）　世界の幼児教育・保育改革と学力（pp. 242–263）　明石書店

渡邉保博（2013）．「変哲もない日々」をこそ記録する——愛されて大きくなった証としても——　現代と保育, *85*, 56–61.

Westerveld, M. F., Gillon, G. T., van Bysterveldt, A. K., & Boyd, L.（2015）. The emergent literacy skills of four-year-old children receiving free kindergarten early childhood education in New Zealand. *International Journal of Early Years Education, 23*（4）, 339–351. doi: 10.1080/09669760.2015.1033617

Whitehurst, G., & Lonigan, C.（1998）. Child development and emergent literacy. *Child Development, 69*（3）, 848–872.

Woodhead, M., & Moss, P. (2007). *Early childhood and primary education: Transitions in the lives of young children* (Early Childhood in Focus 2). Milton Keynes: Open University.

山形恭子 (2012). 絵本課題における表記知識・手続き的知識の発達 発達心理学研究, *23* (3), 310–319.

山本理絵 (2009). 点検主義にならない保育を 季刊保育問題研究, *238*, 16–27.

山本理絵 (2012). 保育の学校化を問う――小学校への移行に配慮した保育計画の視点から―― 保育問題研究, *255*, 35–48.

横山真貴子 (2004). 絵本の読み聞かせと手紙を書く活動の研究――保育における幼児の文字を媒介とした活動―― 風間書房

横山真貴子・秋田喜代美・無藤 隆・安見克夫 (1998). 幼児はどんな手紙を書いているのか？――幼稚園で書かれた手紙の分析―― 発達心理学研究, *9* (2), 95–107.

あとがき

　読み書き習得，乳幼児期と学童期，遊びと保育，対話とコミュニケーション，科学性と実践性……。おおよそ四半世紀にわたり考えてきたそれぞれのキーワードを「リテラシー」と「子どもの"声"」の視点から整理したとき，一つのストーリーが浮かび上がってきました。本書は，これら一連の研究内容に基づき，2022年3月に中央大学大学院に提出した博士学位論文を土台としています。研究の実施にあたり，日本学術振興会科学研究費補助金（課題番号24730657/15K04303/18K02484），香川大学若手研究経費（2011–2012），香川大学教育学部・附属学校園共同研究機構研究プロジェクト（2012–2022），香川大学研究推進事業・在外研究制度（2017–2018）の助成を受けました。ここに記し感謝いたします。また，このような形で本書を出版できたのは，何より本研究に参加・協力いただいた，子どもたちや保護者，保育所・幼稚園・こども園や小学校の先生方のおかげです。本書における写真・資料掲載の手続きにも快くご協力とご配慮をいただき，改めて感謝いたします。そして，それぞれの研究が本書において一つのストーリーとなる道のりを，ここまで共に楽しんでくださった読者のみなさんに御礼申し上げます。

　「子どもはいかにして文字を習得するのか」という本研究の問いは，中央大学での学部・大学院時代を通じての指導教員であった，天野清先生との出会いから始まりました。本文でも述べたように，先生の博士論文である『子どものかな文字の習得過程』（天野，1986）では，幼児が文字習得へと至る過程が，精緻な実験研究により示されています。この成果を引き継ぎつつ，幼児期から学童期にかけての文字習得をどのように問うことができるかは，本書へと連なる私の大きな宿題となりました。2022年にご逝去された先生に，その一つの答えとなる本書を直接お届けできなかったことは，私の唯一の心残りです。

　この幼児期の文字習得の問題は，日本語に関しては概ね研究しつくされているようにも思えました。改めてこれをどのように扱えばよいか，学術的な問いがうまく定まらないまま，目の前のことを何とか続けたいという思いだけで走っていた大学院生の頃に出会ったのは，研究における科学性と実践性，理論と実

践という問題です。応用科学である心理学が実際の子どもたちに何をどのように
にできるか，という問いが，保育所で幼児を前にして研究を始めた私に否応な
く突きつけられました。現場研究や質的研究が隆盛し始めた当時，実験室から
ただ単に実践現場にフィールドを移しただけの研究や，研究成果を単純に実践
に適用するような「役に立つ」研究には違和感と問題性を感じたものの，それ
を言葉にするのは容易ではありませんでした。心理科学研究会をはじめ，共に
研究活動をする仲間と，個々の研究テーマを超えて，いわゆるリサーチワーク
とは直接的な関係が見えにくい理論書と格闘しながらの議論を積み重ねたこと
は，結果的に本書におけるアプローチに連なる，方法論的土台を築くことにつ
ながりました。

　その後，博士論文を執筆することなく大学院を退学し，2002年に運良く最初
の職場として赴任した名古屋短期大学では，心理科学研究会の先輩でもあった
神田英雄先生の後任として，本研究のもう一つの柱である「保育」という問い
と出会うことになります。学術研究の結果，幼児期の言語発達や文字習得の詳
細なメカニズムが明らかになったとしても，それがすなわち子どもたちの豊か
な遊びや生活を支える具体的な実践と結びつくわけではありません。「松本さん
は僕の後継者だから」といつも気遣い，励ましてくださった神田先生からは，第
1・第2そだち保育園（愛知県春日井市）をはじめとする，今に続く保育現場
とのご縁や，『子どもとつくる0歳児保育』（ひとなる書房）という，保育者と
共にまとめる書籍を本格的に執筆する機会をいただきました。本書における一
連の研究法の特徴である，保育者と共に議論を重ねて資料を収集し，学術的な
課題と実践的な課題を同時に考えていくという保育実践研究の手法は，これら
の取り組みに始まる，おおむね20年間の成果として確立したものです。私が
名古屋短期大学を退職する少し前，2010年春に急逝された神田先生に本書をお
届けできないことは心から残念で寂しいですが，「発達とは希望をはぐくむこと
である」（神田, 2009）というご遺志を引き継げるよう，子どもと保育者を勇気
づけられる保育研究を，引き続き重ねたいと思います。

　2010年秋に香川大学教育学部に職場を移した後，同僚や教育学部附属幼稚園
の先生方と取り組みを重ねてきた保育実践研究と，それまで考えてきた文字習

得研究をつないだのは，文字習得をその社会的側面を含め，対話とコミュニケーションの観点から捉え直す「リテラシー」，そして子どもの"声"というキーワードとの巡り会いでした。その大きなきっかけは，イギリス・カンタベリークライストチャーチ大学子ども・家族・コミュニティ研究所のキャシー・グーチ（Kathleen Goouch）先生によるものです。乳児期のリテラシー発達と実践を考える"Baby room"などのプロジェクトを精力的に実践されてきた先生は，名誉教授として第一線を退かれるタイミングであったにもかかわらず，2014年のUnited Kingdom Literacy Association（UKLA）の国際会議にて，たった一度，一緒にコーヒーを飲んだきりの日本からの研究者のために，同研究所での在外研究の機会を準備してくださいました。2018年から2019年にかけての在外研究の1年間に，本書第3章に述べたフィールドワークをはじめとする諸研究に取り組み，初期リテラシーや保育の質，子どもの"声"と権利などについて考察を深めることができたのは，グーチ先生をはじめ，私とイギリスとの縁をつないでくれたUKLAの方々，サーシャ・パウエル（Sacha Powell）先生，ジョアンナ・アップス（Joanna Apps）先生らをはじめとする研究所およびカンタベリークライストチャーチ大学の同僚たち，フィールドワーク先のプライマリースクールの先生方や子どもたち，またここには書き切れない，イギリスでの生活で出会えた数多くの友人や子どもたちが，初めての海外での研究，そして家族との生活を，公私ともに支えてくれたおかげです。幼児期の文字や書き言葉と保育実践を結ぶ議論が盛んとは言いがたい日本で研究を続ける私にとって，UKLAやカンタベリー時代のメンバーと，リテラシー発達や保育実践研究に関する継続的な研究交流が今に続いていることは，内容はもちろん，心理的にも大きな励みとなっています。改めて感謝するとともに，研究の成果を両国の子どもたちと保育・教育実践につなげていくことは，今後とも取り組んでいきたい私の課題です。

　このような紆余曲折を経て，そのつながりがおぼろげに見え始めた個々の研究は，2019年春，イギリスからの帰国後に本格的に準備を始めた博士論文の中で，ようやく本書の基となる一つのストーリーとなりました。主査である中央大学の都筑学先生には，遅々として進まない執筆過程に，およそ3年間にわた

り粘り強くお付き合いいただきました。なかなかまとまらなかった本研究に，今回，一区切りをつけることができたのは，ひとえに学生思いの先生による，根気強く丁寧なご指導のおかげです。副査であり，私の研究成果を長年見守り声をかけ続けてくださった心理科学研究会の先輩でもある高橋登先生（大阪教育大学），もう一人の副査であり，天野研究室の先輩でもある緑川晶先生（中央大学）には，研究全体を丁寧に俯瞰いただき，的確かつ温かい助言・示唆をいただきました。また研究会などを通じて，私が大学院生だった当時から研究の進展を温かく見守ってくださった秋田喜代美先生からは，本書のために素敵な推薦文をお寄せいただきました。そして中央大学・大学院での同級生であり，博士学位取得の先輩である加藤弘通先生（北海道大学），職場での同僚であり，長年の共同研究者である松井剛太先生（香川大学），常に私の原稿の第一読者を務めてくれる，共同研究者であり，人生のパートナーとして私の最大の理解者でもある常田美穂先生（NPO法人わははネット／香川大学バリアフリー支援室）には，本研究そして本書をまとめるうえでの方向性が見えなくなった折に，それぞれ快く相談に乗ってもらい，助けてもらいました。あわせて本書の刊行にあたっては，北大路書房編集部の西吉誠さんと飯田典子さんに，心強い支えをいただきました。ほか，ここにお名前を挙げられなかった先生方を含め，お世話になった全ての方に改めて御礼申し上げます。

　「遊びと対話の保育が育む言葉」を副題とした本書における研究を進めるうえで見えてきたのは，言葉とは誰かに宛てられるものである，ということです。本書の研究成果と残された問いは，これまで出会えた教え子をはじめとする，これからの実践を担う保育者たちと，私の大切な3人の娘たちをはじめとする，未来をつくる子どもと若者たちに宛て，託したいと思います。

2024 年 10 月

松本博雄

索　引

あ

アクションリサーチ　25, 27, 28, 99, 100, 107, 122, 138, 176, 177

アセスメント　69–71, 82, 87, 96, 151, 167

遊び　iii, 15, 26, 27, 58, 75, 76, 81, 89, 90, 95, 96, 101, 111, 113, 117–119, 123, 125–127, 129–131, 134, 137–139, 143, 144, 146, 149, 150, 152, 153, 155, 157–159, 162, 164–166, 168, 169, 176–178, 180, 183, 185, 187–191

遊びの質　132, 134, 151, 191, 192

遊びを通しての総合的な指導　iii, 27, 64, 68, 126, 179

遊びを通しての学び　127, 128, 130, 167, 187

天野　清　1, 19, 31

い

EYFS　6

イギリス　6, 26, 66, 71

育児産業　13, 19

意見表明権　iii, 27, 181, 188, 191, 193

移行（transition）　17, 18, 69, 138, 185

移行期　iii

Ishida, Y.　56

一次的ことば　33

意味生成（meaning-making）　133

イングランド　6, 26, 66, 67, 69–72, 82, 84, 91, 93, 94, 130, 175

う

Vygotsky, L. S.　184

内田伸子　1, 19, 31, 32, 41–43, 46, 52, 53, 56, 61

え

エスノグラフィック・フィールドワーク　71, 175

エピソード記録　138

お

園だより　158

OECD　4–6, 50, 138

岡本夏木　33

大人主導型学習（adult-led learning）　88

音韻意識　1, 4

音声法（phonics）　74–76, 86, 91

か

Carr, M.　131, 134, 151, 169

書き言葉　5, 47, 97, 118–121, 126, 152, 170, 171, 178, 179, 183, 184, 187, 192

拡散的アセスメント（divergent assessment）　189

拡大家族　166

学校監査（Ofsted inspection）　70, 73

学校評価　69

かな文字　1, 16

カリキュラム　4–11, 16, 17, 22, 49, 50, 54, 61, 63, 66, 67, 69

環境構成　45, 97–99, 103, 116–118, 122, 126, 130, 133, 151, 170, 180, 192

環境設定　75, 76, 123, 176

き

Key Stage 1　96

教育水準局（Ofsted）　70, 73

教科書　60, 129

共有体験　104, 106, 119, 125

記録　87, 166, 169, 180

く

Goouch, K.　127, 153

クラス担任　57, 58, 63, 139, 161

グループドキュメンテーション　167

け

形成的評価　137, 189

こ

語彙　74, 87, 190

公開保育日誌　159

公教育　48

口頭言語　32, 47

国語科　14

子ども主導　90, 127

子どもの権利委員会　181

子どもの権利条約　27, 181

子どもの「声」（children's voices）　iii, 27, 181, 183, 184, 186, 191, 192

子どもの尊厳と権利　181, 188, 193

個別学習（independent learning）　75, 79

コミュニケーション　i, 5, 6, 8, 10, 11, 20, 27, 47–50, 52, 54, 71, 78, 79, 81, 83, 84, 88–90, 92, 93, 95, 97, 99, 101, 103, 106, 114, 118, 120, 123, 126, 130, 131, 137, 139, 150, 153, 158, 161, 162, 166, 168–170, 176, 177, 179, 180–182, 184, 188, 189, 191

さ

佐藤　学　25

し

識字能力　2, 5, 14, 65, 119, 122, 175, 178, 181, 187, 188

自己中心性　146

事前に定められた指標（pre-determined list）　130

実践研究　24

指導観　50, 51, 52, 54, 56, 57, 59, 62, 175

社会構成主義　192

就学準備　18

就学準備型　5, 6, 50

就学前教育カリキュラム（Early Years Foundation Stage）　68, 72

け

集合的指導観　52, 60, 63

収束的アセスメント（convergent assessment）　189

生涯発達　3, 18, 19, 26, 122, 180, 183, 187, 193

小学校　12–17, 59, 60, 63, 67, 69, 93, 129, 138

小学校学習指導要領　14, 16

小学校低学年カリキュラム（Key Stage One）　68

初期リテラシー（early literacy）　i, iii, 2, 4–6, 8, 20, 22, 23, 26, 27, 48–53, 58, 60, 62–66, 68, 78, 83, 84, 86, 88, 89, 91–97, 99, 121–123, 126–131, 134, 137, 138, 150, 153, 157–159, 168, 169, 175, 177, 179, 180, 185, 190, 191

書字言語　32

身体　6, 10, 82, 91

信頼性　189

せ

生活基盤型　5

生態学的発達論　22, 50, 139, 158

積極的授業参加行動　81

設定保育　41, 122

前読み書き能力　4

そ

総括的評価　189

た

第 1 の学び　129, 152

Dyson, A. H.　123, 127, 131

第 2 の学び　129, 152, 186

対話　ii, iii, 82, 89–94, 96, 97, 99, 101, 121, 143, 149–151, 153, 168, 170, 176, 179, 184, 186, 188, 192

対話性　192

高橋　登　1, 19, 21

多声性　182, 183, 186

妥当性　189

索　引

ち

直接教示　128

つ

通信教育　13, 14, 19, 43, 45

と

トークン　78
ドキュメンテーション（pedagogical documentation）　133, 134, 138, 139, 153, 154, 166–169, 192
Tobin, J.　61

に

二次的効果　22
二次的ことば　33
認定こども園保育・教育要領　9, 11, 15, 17

は

Pyle, A.　20, 127
話し言葉　10, 11, 32, 54, 78, 84, 92, 95, 118, 120, 126, 158, 168, 170, 171, 177–179, 181, 184, 185, 193
Bakhtin, M.　182

ひ

ヒドゥンカリキュラム　61
評価　17, 18, 27, 34, 41, 46, 48, 62, 94–96, 129–133, 138, 169, 178–180, 189
表記知識　39
表現　8, 10, 14, 46, 54, 82, 88, 92, 94, 95, 97, 99, 106, 113, 116, 119, 121, 123, 131, 132, 153, 157, 169, 176, 178, 180, 184–187, 189, 191
ひらがな　1, 10–12, 19, 31, 32, 34, 41, 42

ふ

フォトドキュメンテーション（photo documentation）　138, 178

ふり遊び　153
プロジェクト　8, 76, 99, 101, 116, 139, 159
プロジェクト学習　70
Bronfenbrenner, U.　22, 23
文化的実践　2

へ

平行遊び　149
併存的妥当性　189

ほ

保育・教育目標　69
保育記録　133, 139, 153
保育実践研究　25, 28
保育所保育指針　9, 11, 15, 17, 122
保育の質　ii, iii, 5, 133
萌芽的リテラシー　2, 5, 7, 51
ポートフォリオ　76, 77, 87, 88, 91, 134, 152, 159
母語　8, 51, 72, 94
保護者　8, 11–13, 19, 22, 23, 41, 42, 45, 47, 52, 139, 158–171, 177, 180, 186, 189

ま

学び　127–129, 139, 167, 189
学び手としてのアイデンティティ　131, 132, 153, 170, 177, 180, 181, 189, 191
学びの構え　151, 184
学びの物語　134, 169
マルチメソッド　28
Murray, J.　95, 181, 182, 186

も

モザイクアプローチ　28
文字指導　2, 13–15, 18, 22, 26, 45, 47, 49, 50, 52, 54, 60, 77, 92
文字指導観　57
文字知識　4, 8, 34, 65, 66
森の学校（forest school）　74, 95, 96

209

よ

幼稚園教育要領　9, 11, 15, 16, 54, 100, 122
横山真貴子　2, 20, 21, 98, 103, 104, 116, 118
読み書き能力　2, 6

り

リテラシー（literacy）　i, ii, 2

る

Luria, A. R.　32

れ

Lewin, K. Z.　28
レッスン・スタディ　61

【著者紹介】

松本博雄（まつもと・ひろお）　博士（心理学）

1973年生まれ。1997年中央大学文学部卒業。2002年に同大学院文学研究科博士後期課程を満期退学後，同年4月から2010年9月まで名古屋短期大学講師・准教授。2010年10月より香川大学教育学部准教授。2018年3月から2019年3月まで，カンタベリークライストチャーチ大学（イギリス）子ども・家族・コミュニティ研究所客員研究員。2021年4月より現職。

現在：香川大学教育学部教授

　　　"Literacy"誌（United Kingdom Literacy Association）編集委員

主著：『子どもの声からはじまる保育アセスメント』（共編著）北大路書房，2024年

　　　『0123 発達と保育』（共著）ミネルヴァ書房，2012年

　　　『子どもとつくる0歳児保育』（共編著）ひとなる書房，2011年

　　　『新・育ちあう乳幼児心理学』（共著）有斐閣，2019年　ほか

子どもはいかにして文字を習得するのか
―― 遊びと対話の保育が育む言葉

2024年11月20日　初版第1刷発行

著　者	松　本　博　雄	
発 行 所	㈱北大路書房	
〒603-8303	京都市北区紫野十二坊町12-8	
	電話代表	（075）431-0361
	Ｆ Ａ Ｘ	（075）431-9393
	振替口座	01050-4-2083

ⓒ 2024
装丁／こゆるぎデザイン
印刷・製本／共同印刷工業（株）
落丁・乱丁本はお取り替えいたします。
定価はカバーに表示してあります。

Printed in Japan
ISBN978-4-7628-3267-3

[JCOPY] 〈㈳出版者著作権管理機構 委託出版物〉
本書の無断複写は著作権法上での例外を除き禁じられています。複写される場合は，そのつど事前に，㈳出版者著作権管理機構（電話03-5244-5088，FAX 03-5244-5089，e-mail: info@jcopy.or.jp）の許諾を得てください。

北大路書房の好評関連書

子どもの声からはじまる　保育アセスメント
大人の「ものさし」を疑う

松井剛太・松本博雄（編著）
ISBN978-4-7628-3257-4　A5判・228頁・本体2,600円＋税

子どもの声に耳を傾け，対話し，揺らぎながら，自分の「ものさし」を問い直す，「保育アセスメント」の新たなカタチを模索する。

生命と学びの哲学
育児と保育・教育をつなぐ

久保健太（著）
ISBN978-4-7628-3255-0　四六判・328頁・本体2,000円＋税

育児，保育・教育について熟考してきた著者の多彩な論考から，保育の実践知を言語化するために必要となる「哲学」を掘り起こす。

子どもの遊びを考える
「いいこと思いついた！」から見えてくること

佐伯　胖（編著）
ISBN978-4-7628-3229-1　四六判・248頁・本体2,400円＋税

「遊び＝自発的な活動」というのは本当か？！　「いいこと思いついた！」という現象を切り口に，子どもの「遊び」の本質に迫る。

ニューロマイノリティ
発達障害の子どもたちを内側から理解する

横道　誠・青山　誠（編著）
ISBN978-4-7628-3247-5　四六判・312頁・本体2,200円＋税

ニューロマイノリティとして生きている子どもたち。彼らの体験世界を「内側」から描くことで，「発達障害理解」に革命を起こす。

人はいかに学ぶのか
授業を変える学習科学の新たな挑戦

全米科学・工学・医学アカデミー（編）
秋田喜代美・一柳智紀・坂本篤史（監訳）
ISBN978-4-7628-3249-9　A5判・396頁・本体4,200円＋税

脳科学・神経科学の進展や動機づけ研究の発展，さらに文化的多様性やICT等といった切り口から，人の「学び」の謎に迫る。

絵本で実践！　アニマシオン
子どもの力を引き出す26のプログラム

木村美幸（著）
ISBN978-4-7628-3240-6　A5判・176頁・本体2,200円＋税

子どもの様々な力を引き出す読書指導法。本書では，乳幼児を対象にした，絵本によるアニマシオンの実践方法をわかりやすく解説。

（税抜き価格で表示しています。）